Proyecto de la OCDE y del G-20 sobre la Erosión de la Base Imponible y el Traslado de Beneficios

I0751838

Exigir a los contribuyentes que revelen sus mecanismos de planificación fiscal agresiva, Acción 12 - Informe final 2015

Tanto este documento como cualquier mapa que se incluya en él no conllevan perjuicio alguno respecto al estatus o la soberanía de cualquier territorio, a la delimitación de fronteras y límites internacionales, ni al nombre de cualquier territorio, ciudad o área.

Por favor, cite esta publicación de la siguiente manera:
OCDE (2016), *Exigir a los contribuyentes que revelen sus mecanismos de planificación fiscal agresiva, Acción 12 - Informe final 2015*, Proyecto de la OCDE y del G-20 sobre la Erosión de la Base Imponible y el Traslado de Beneficios, Éditions OCDE, Paris.
http://dx.doi.org/10.1787/9789264267367-es

ISBN 978-92-64-26711-4 (impresa)
ISBN 978-92-64-26736-7 (PDF)

Serie: Proyecto de la OCDE y del G-20 sobre la Erosión de la Base Imponible y el Traslado de Beneficios
ISSN 2415-6094 (impresa)
ISSN 2415-6108 (en línea)

Fotografías: Portada © ninog - Fotolia.com

Las erratas de las publicaciones de la OCDE se encuentran en línea en: *www.oecd.org/about/publishing/corrigenda.htm*.

© OCDE 2016
La OCDE no garantiza la exacta precisión de esta traducción y no se hace de ninguna manera responsable de cualquier consecuencia por su uso o interpretación.

Usted puede copiar, descargar o imprimir los contenidos de la OCDE para su propio uso y puede incluir extractos de publicaciones, bases de datos y productos de multimedia en sus propios documentos, presentaciones, blogs, sitios web y materiales docentes, siempre y cuando se dé el adecuado reconocimiento a la fuente y al propietario del copyright. Toda solicitud para uso público o comercial y derechos de traducción deberá dirigirse a *rights@oecd.org*. Las solicitudes de permisos para fotocopiar partes de este material con fines comerciales o de uso público deben dirigirse al Copyright Clearance Center (CCC) en *info@copyright.com* o al Centre français d'exploitation du droit de copie (CFC) en *contact@cfcopies.com*.

Prefacio

Los problemas de fiscalidad internacional nunca habían ocupado un lugar tan prioritario en las agendas políticas como hoy en día. La integración de las economías y los mercados nacionales se ha intensificado de manera sustancial en los últimos años colocando, así, contra las cuerdas al sistema fiscal internacional, diseñado hace más de un siglo. Las normas actuales han dejado al descubierto una serie de puntos débiles que generan oportunidades para la erosión de las bases imponibles y el traslado de beneficios (BEPS, por sus siglas en inglés), lo que exige decisiones drásticas y determinación por parte de los responsables políticos con miras a restablecer la confianza en el sistema tributario internacional y asegurarse de que los beneficios tributen allí donde se desarrollen efectivamente las actividades económicas y se genere valor.

En septiembre de 2013, a raíz de la publicación del informe titulado *Lucha contra la erosión de la base imponible y el traslado de beneficios* en febrero de 2013, los países de la OCDE y del G-20 avalaron y adoptaron un Plan de Acción conformado por 15 líneas de actuación o «acciones» para dar respuesta a los problemas BEPS. Dicho Plan de acción y las 15 medidas que lo conforman giran en torno a tres *pilares* fundamentales: dotar de coherencia a las normas de Derecho interno que afectan a las actividades transfronterizas; reforzar el *criterio de actividad sustancial* contemplado por las normas internacionales en vigor y, por último, mejorar la transparencia y la seguridad jurídica.

Desde entonces, todos los países de la OCDE y del G-20 han trabajado de manera conjunta y en condiciones de igualdad, habiendo igualmente manifestado su postura y aportado sus puntos de vista la Comisión Europea a lo largo de todo el proceso atinente al Proyecto BEPS. Los países en desarrollo han participado extensa y activamente a través de diversos y diferentes mecanismos, incluida la participación directa en el Comité de Asuntos Fiscales (CAF). Adicionalmente, organismos fiscales regionales como el Foro Africano de Administración Tributaria (ATAF, por sus siglas en inglés), el Centro de Encuentros y Estudios de Dirigentes de Administraciones Fiscales (CREDAF, por sus siglas en francés) y el Centro Interamericano de Administraciones Tributarias (CIAT) se unieron a organizaciones internacionales tales como el Fondo Monetario Internacional (FMI), el Banco Mundial o Naciones Unidas (ONU) para contribuir a la labor desarrollada. Fruto de la consulta minuciosa a las partes interesadas, el Proyecto BEPS recibió en total más de 1 400 páginas de comentarios procedentes de organizaciones sectoriales y asociaciones empresariales, asesores, organizaciones no gubernamentales (ONG), docentes y otros representantes del sector académico, al igual que también se celebraron 14 consultas públicas retransmitidas en directo a través de la web, junto con la difusión de sesiones en forma de *webcasts,* a través de las cuales la Secretaría de la OCDE informaba periódicamente a los seguidores y respondía a preguntas.

La compleción de los informes correspondientes a las 15 medidas del *Plan de acción BEPS* ha requerido dos años de trabajo. Todos los resultados plasmados en los distintos informes, incluidos los apuntados en los informes provisionales presentados en 2014, han adquirido carácter definitivo y se han unificado dando lugar a un paquete de medidas integral. El Paquete de medidas BEPS representa la primera renovación sustancial de las normas y estándares fiscales internacionales en casi un siglo. Una vez las nuevas medidas comiencen a aplicarse, se espera conseguir que los beneficios se declaren allí donde se desarrollen las actividades económicas que los generan y se crea valor. Todas aquellas estrategias de planificación fiscal con fines claramente elusivos cimentadas sobre normas obsoletas o sustentadas por medidas internas mal coordinadas quedarán sin efecto.

En consecuencia, la implementación resulta clave en esta fase. El paquete de medidas BEPS se diseñó precisamente para ser implementado mediante cambios en la legislación y prácticas nacionales y en aplicación de las disposiciones contempladas en los convenios fiscales, existiendo negociaciones actualmente en curso para desarrollar un instrumento multilateral que se prevé concluyan en 2016. Asimismo, los países de la OCDE y del G-20 han acordado seguir trabajando conjuntamente a fin de garantizar la implementación sistemática y coordinada de las recomendaciones en materia de BEPS. La globalización exige soluciones comunes, así como también es preciso entablar un diálogo a escala mundial que trascienda los países de la OCDE y del G-20. A tal fin, los países de la OCDE y del G-20 diseñarán y propondrán en 2016 un marco inclusivo de seguimiento, contando para ello con la participación de todos los países interesados en condiciones de igualdad.

A priori, una mejor comprensión acerca de la aplicación práctica de las recomendaciones en materia de BEPS podría disipar equívocos y dirimir controversias entre los distintos gobiernos, por lo que un mayor énfasis en temas como la implementación y administración tributaria debería resultar mutuamente beneficioso para administraciones públicas y empresas. Por último, las mejoras propuestas en materia de recopilación y análisis de datos permitirán llevar a cabo una evaluación permanente del impacto en términos cuantitativos no sólo del fenómeno BEPS, sino también de las medidas antielusivas desarrolladas en el marco del Proyecto BEPS.

Índice

Gráficos

Tabla

Cuadros

Abreviaturas y siglas

ATP	Planificación fiscal agresiva
BEPS	Erosión de la base imponible y traslado de beneficios
CAD	Dólar canadiense
CAF	Comité de Asuntos Fiscales
CRA	Autoridades fiscales canadienses
DD	Doble deducción
D/NI	Deducción / No inclusión
DOTAS	Declaración de Estructuras de Elusión Fiscal (Legislación de Reino Unido)
EUR	Euro
FTA	Foro sobre Administración Tributaria
GAAR	Norma antielusión de carácter general
GBP	Libra esterlina
HMRC	HM Revenue & Customs (Reino Unido)
IRC	Internal Revenue Code (Código Tributario de Estados Unidos)
IRS	Internal Revenue Service
JITSIC	Centro de Colaboración e Información Conjunta sobre Refugios Tributarios Internacionales
NDO	Normas de declaración obligatoria
MNE	Empresa multinacional
OCDE	Organización para la Cooperación y el Desarrollo Económicos
OTSA	Oficina de Análisis de Refugios Fiscales
RTAT	Declaración de operaciones de elusión fiscal
SARS	Administración Tributaria sudafricana
SEC	Securities and Exchange Commission (Comisión del Mercado de Valores)
SPOC	Punto de contacto único
SRN	Número de referencia de la estructura
OI	Operación de interés
TS	Refugio fiscal

UK	Reino Unido
EE.UU.	Estados Unidos de América
USD	Dólar estadounidense
IVA	Impuesto sobre el valor añadido
WP11	Grupo de Trabajo nº 11 sobre planificación fiscal agresiva
ZAR	Rand de Sudáfrica

Resumen ejecutivo

Uno de los principales retos a los que se enfrentan las administraciones tributarias de todo el mundo es la falta de información puntual, exhaustiva y pertinente sobre las estrategias de planificación fiscal agresiva. El acceso rápido y tempestivo a este tipo de información brinda la oportunidad de responder con prontitud a eventuales riesgos fiscales, ya sea mediante la adecuada evaluación del riesgo, las pertinentes inspecciones tributarias o modificando la legislación y/o regulación aplicables. La Acción 12 del *Plan de acción contra la erosión de la base imponible y el traslado de beneficios* (Plan de Acción BEPS de 2013) reconocía las ventajas que se derivan de las herramientas diseñadas para incrementar el flujo de información sobre riesgos fiscales para las administraciones tributarias y los responsables políticos. En consecuencia, hizo un llamamiento a formular recomendaciones relativas al diseño de normas de declaración obligatoria para transacciones o estructuras agresivas o abusivas, teniendo en cuenta los costes administrativos para las administraciones tributarias y las empresas, y aprovechando las experiencias del creciente número de países que ya cuenta con tales normas.

El presente informe ofrece un marco modular que permite a los países que no cuenten con normas de declaración obligatoria diseñar un sistema que cumpla con las expectativas de obtener anticipadamente información sobre estructuras de planificación tributaria potencialmente agresivas o abusivas y los usuarios de las mismas. Las recomendaciones incluidas en el informe no constituyen un estándar básico, por lo que los distintos países pueden decidir libremente si introducir o no regímenes de declaración obligatoria. En el supuesto de que un determinado país se incline por la adopción de normas de declaración obligatoria, las recomendaciones implican un grado de flexibilidad suficiente para establecer el justo equilibrio entre la necesidad que tiene todo país de disponer de información más completa y relevante y la carga potencial de cumplimiento que recae sobre los contribuyentes. Asimismo, el informe establece recomendaciones específicas relativas a las estructuras de planificación internacional, así como a la consolidación y puesta en práctica de un intercambio de información más eficaz y una colaboración reforzada entre administraciones tributarias.

Principios de diseño y principales objetivos de los regímenes de declaración obligatoria

Los regímenes de declaración obligatoria deben ser claros y fáciles de entender; deben encontrar el justo equilibrio entre los costes de cumplimiento adicionales soportados por los contribuyentes y los beneficios que se derivan para la administración tributaria; deben ser eficaces para alcanzar los objetivos prefijados; deben identificar con precisión aquellas estructuras sujetas a la obligación de declaración; han de ser lo suficientemente flexibles y dinámicos para permitir a la administración tributaria competente adaptar el sistema con el fin de dar respuesta a nuevos riesgos (o despejar aquellos riesgos que hayan quedado obsoletos), y deben garantizar que la información recopilada se utiliza de manera eficaz.

El principal objetivo de los regímenes de declaración obligatoria radica en aumentar el nivel de transparencia facilitando a la administración tributaria pertinente información anticipada acerca de las estructuras de planificación fiscal potencialmente agresivas o abusivas con el fin de identificar a los promotores y usuarios de tales estructuras. Otro de los objetivos principales de este tipo de regímenes es la disuasión: es probable que los contribuyentes se planteen antes de poner en marcha una estructura la obligatoriedad de declararla. Por otra parte, se ejerce presión sobre aquellos colectivos o sujetos que pretendan incurrir en prácticas elusivas, ya que los promotores y usuarios cuentan con remotas posibilidades de llevar a término su objetivo sin que las autoridades se lo impidan.

Los regímenes de declaración obligatoria complementan y se distinguen simultáneamente de otros tipos de obligaciones de declaración y notificación, como son los regímenes de cumplimiento cooperativo, por estar específicamente diseñados para detectar estructuras de planificación fiscal que explotan las deficiencias de un particular sistema tributario, al tiempo que dotan de la flexibilidad necesaria a las administraciones tributarias para establecer umbrales, rasgos distintivos y/o filtros que afecten a operaciones de especial interés y áreas que entrañan un supuesto riesgo.

Principales características de diseño de los regímenes de declaración obligatoria

Para conseguir diseñar con éxito un régimen de declaración obligatoria eficaz, hemos de tener en cuenta las siguientes características: quién realiza la declaración, qué información hay que declarar, cuándo declararla y cuáles son las consecuencias de incumplir dicha obligación. Por lo que respecta a las mencionadas características, el informe recomienda a todos aquellos países que adopten regímenes de declaración obligatoria cuanto sigue:

- Aplicar la obligación de declarar tanto al promotor como al contribuyente o, en su caso, bien al promotor o bien al contribuyente;
- aplicar de manera combinada rasgos genéricos y específicos, llevando implícita cada uno de ellos la obligación de declaración. Los rasgos genéricos se centran en características que son frecuentes en las estructuras promovidas, como el requisito de confidencialidad o el pago de una comisión muy elevada. Los rasgos específicos afectan a diversos ámbitos que suscitan especial preocupación, como por ejemplo la utilización de las pérdidas;
- establecer un mecanismo de seguimiento que permita vincular las declaraciones efectuadas por promotores y clientes, ya que la identificación de los usuarios de dichas estructuras representa también un aspecto fundamental de todo régimen de declaración obligatoria. Los regímenes existentes llevan a cabo dicha identificación remitiéndose al número de referencia de las estructuras y/o instando al promotor a facilitar una lista de clientes. Cuando un país imponga la obligación principal de declarar al promotor, se recomienda introducir números de referencia relativos a dichas estructuras y exigir, cuando la legislación nacional lo permita, la elaboración de listas de clientes;
- vincular el plazo de declaración al momento en que se pone la estructura a disposición del contribuyente cuando la obligación de declarar recaiga en el promotor o, cuando la obligación de declarar recaiga en el contribuyente, vincularlo a la implantación de la estructura en cuestión, e

- imponer sanciones (incluidas las no pecuniarias) que garanticen el cumplimiento de las normas de declaración obligatoria con arreglo a lo dispuesto en sus respectivas normativas internas.

Alcance de las estructuras de planificación fiscal internacional

Existen varias diferencias entre las estructuras de planificación fiscal a nivel nacional e internacional, planteando estas últimas un desafío aún mayor para los regímenes de declaración obligatoria. Las estructuras internacionales suelen concebirse específicamente, en mayor medida, para un contribuyente u operación particulares, pudiendo intervenir múltiples partes y generar numerosas ventajas fiscales en distintas jurisdicciones, de ahí la mayor dificultad para identificar estas estructuras atendiendo a los rasgos distintivos a nivel interno. Para salvar los referidos obstáculos, el informe recomienda que:

- Los países elaboren y adopten rasgos distintivos que se centren en el tipo de resultados BEPS a nivel internacional que les susciten preocupación. No obstante, todo instrumento que incorpore un resultado internacional debe recibir el tratamiento de estructura objeto de declaración solo cuando conlleve una operación que acarree consecuencias fiscales de relevancia en la jurisdicción de notificación para un contribuyente nacional, a condición de que éste tuviera información o conocimiento de tales resultados a nivel internacional.
- Los contribuyentes que realicen operaciones intragrupo con importantes implicaciones fiscales estén obligados a efectuar todas las averiguaciones razonables y necesarias para determinar si una determinada transacción forma parte de un instrumento que incorpora un resultado internacional específicamente identificado como un aspecto sobre el que debe informarse atendiendo al régimen de declaración obligatoria vigente en sus jurisdicciones de origen.

Para ejemplificar la aplicación de estas recomendaciones, el informe incorpora un supuesto de mecanismo híbrido asimétrico importado similar a los representados en el informe de 2015 elaborado en el marco del Proyecto BEPS de la OCDE/G-20 con el título *Neutralizar los efectos de los mecanismos híbridos* (OCDE, 2015).

Mejora y fomento del intercambio de información

La transparencia es uno de los tres pilares sobre los que se erige el Proyecto BEPS de la OCDE/G-20 y unas cuantas de las medidas desarrolladas con motivo de dicho proyecto va a dar lugar a un mayor intercambio de información con o entre administraciones tributarias. El Centro de Colaboración e Información Conjunta sobre Refugios Tributarios Internacionales (JITSIC, por sus siglas en inglés) del Foro sobre Administración Tributaria de la OCDE representa una plataforma internacional para una cooperación reforzada y asistencia mutua entre administraciones tributarias en virtud de los instrumentos jurídicos vigentes, que podrían prever líneas estratégicas de cooperación en lo concerniente a la información recabada por los países participantes por medio de declaraciones obligatorias.

Introducción

1. Los gobiernos necesitan acceso oportuno a información pertinente para identificar y responder a los riesgos fiscales que plantean las estructuras de planificación fiscal. El acceso temprano a la información adecuada permite a las administraciones tributarias mejorar la velocidad y la precisión de su evaluación de riesgos basándose simplemente en el cumplimiento y la inspección voluntarios. Al mismo tiempo, la identificación temprana de problemas de cumplimiento del contribuyente también da a las autoridades fiscales más flexibilidad para responder a los riesgos fiscales y permite a los responsables de la política tributaria tomar decisiones oportunas y fundamentadas sobre respuestas legislativas o normativas adecuadas para proteger los ingresos de la recaudación.

2. Por tanto, algunos países han introducido iniciativas de declaración para obtener puntualmente información sobre el comportamiento de los contribuyentes y para facilitar la identificación temprana de problemas con las políticas. Entre estas iniciativas, podemos encontrar consultas, reducciones de sanciones por declaración voluntaria y el uso de programas de cumplimiento voluntario y otras obligaciones complementarias de declaración, así como regímenes de declaración obligatoria. El objetivo de estas iniciativas es exigir o incentivar a los contribuyentes y a sus asesores para que ofrezcan a las autoridades fiscales información pertinente sobre el cumplimiento del contribuyente que sea más detallada y más oportuna que la información registrada en una declaración de impuestos.

3. Los regímenes de declaración obligatoria difieren de estas otras iniciativas de declaración y cumplimiento en que están específicamente concebidos para exigir a contribuyentes y promotores que proporcionen de antemano a las administraciones tributarias una declaración de acuerdos de planificación fiscal potencialmente agresivos o abusivos si se ajustan a la definición de *estructura sujeta a declaración* establecida en ese régimen. La declaración obligatoria tiene una serie de ventajas si se compara con otras modalidades de declaración y permite a las administraciones tributarias obtener información mucho antes en el proceso de cumplimiento fiscal (en determinados casos, antes incluso de que se hayan puesto en práctica las estructuras). De este modo puede darse una respuesta (legal, administrativa o normativa) más rápida a las operaciones que se considere que constituyen elusión fiscal.

4. Los regímenes de declaración obligatoria aportan también la flexibilidad de un enfoque modular que permite a las administraciones tributarias seleccionar rasgos distintivos y aplicar umbrales y filtros para centrar la obligación de declaración en las áreas concretas donde se perciben riesgos. Los elementos modulares del régimen pueden personalizarse para encajar con las normas de declaración y cumplimiento existentes, para acomodar las prioridades cambiantes de la política tributaria y para minimizar la carga de cumplimiento para los contribuyentes.

Acción 12

5. En el Plan de Acción BEPS se reconoce que uno de los principales retos a los que se enfrentan las administraciones tributarias es la falta de información puntual, exhaustiva y pertinente sobre las estrategias de planificación fiscal potencialmente agresivas o abusivas. El *Plan de acción contra la erosión de la base imponible y el traslado de beneficios* (Plan de Acción BEPS de 2013 de la OCDE) señala que la disponibilidad de esta información es esencial para que los gobiernos puedan identificar con rapidez las áreas de riesgo en materia de política y recaudación tributarias. Si bien las inspecciones continúan siendo una fuente crucial de información sobre planificación fiscal, adolecen de una serie de limitaciones como en herramientas de detección temprana de estructuras de planificación fiscal. En la Acción 12 se pone de relieve la utilidad de las iniciativas de declaración para abordar estas cuestiones y hace un llamamiento a los países de la OCDE y del G20 para:

> desarrollar recomendaciones relativas al diseño de normas de declaración obligatoria para transacciones o estructuras agresivas o abusivas, teniendo en cuenta los costes administrativos para las administraciones tributarias y las empresas y aprovechando las experiencias del creciente número de países que cuentan con tales normas. El trabajo utilizará un diseño modular que permita la máxima coherencia, pero teniendo en cuenta las necesidades y los riesgos específicos de cada país. Uno de los centros de atención serán los regímenes fiscales internacionales, en los cuales el trabajo explorará el uso de una definición extensa de "beneficio fiscal" a fin de captar este tipo de transacciones. El trabajo se coordinará con el trabajo sobre cumplimiento voluntario. También implicará diseñar y poner en marcha modelos mejorados de intercambio de información para las estructuras de planificación fiscal internacional entre administraciones tributarias (OCDE, 2013a).

6. En la Acción 12 se identifican, por tanto, tres resultados principales:

- Recomendaciones para el diseño modular de normas de declaración obligatoria;
- Enfoque en estructuras de tributación internacional y consideración de una definición amplia de beneficio fiscal para captar este tipo de operaciones;
- Diseño y puesta en marcha de modelos mejorados de intercambio de información sobre estructuras de planificación fiscal internacional entre administraciones tributarias.

7. En la Acción 12 se establece que las recomendaciones para el diseño de normas de declaración obligatoria deberían permitir una coherencia máxima entre países, pero teniendo en cuenta las necesidades y los riesgos específicos de cada país y los costes para las administraciones tributarias y las empresas. Las recomendaciones de diseño también deberían tener en cuenta el papel que desempeñan otras iniciativas de cumplimiento y declaración, como las de cumplimiento voluntario.

Trabajo realizado hasta la fecha en esta área

8. En 2011, la OCDE publicó un informe sobre iniciativas de transparencia y declaración (*Tackling Aggressive Tax Planning through Improved Transparency and Disclosure*, OCDE, 2011; Lucha contra la planificación fiscal agresiva mediante la mejora de la transparencia y la presentación de información). En el Informe de 2011 se explicaba la importancia de poder disponer de información oportuna, específica y completa para contrarrestar la planificación fiscal agresiva, se proporcionaba una visión general de las iniciativas de declaración introducidas en ciertos países de la OCDE (incluida la declaración obligatoria)

y se comentaba la experiencia de estos países con tales iniciativas. Recomendaba a los países que revisaran las iniciativas de declaración que se incluían en el informe "con vistas a valorar la introducción de las más adecuadas a sus necesidades y circunstancias particulares."

9. En 2013, la OCDE publicó un informe sobre programas de cumplimiento voluntario (*La relación cooperativa: Un marco de referencia: De la relación cooperativa al cumplimiento cooperativo*, OCDE, 2013b). Este Informe de 2013 retomó un Estudio de 2008 sobre el papel de los intermediarios fiscales (OCDE, 2008), que animaba a las autoridades fiscales a entablar mejores relaciones con las grandes empresas contribuyentes. En virtud de programas de cumplimiento voluntario, los contribuyentes accedieron a declarar detalladamente las consideraciones y operaciones fiscales significativas que habían realizado para que las autoridades fiscales pudieran entender su impacto fiscal. Las relaciones de cumplimiento voluntario permiten un enfoque conjunto en la gestión de riesgos fiscales y el cumplimiento, y pueden traducirse en una evaluación de riesgos más efectiva y un mejor uso de los recursos por parte de la administración tributaria. En el informe de 2013 se indicaba el número de países que había desarrollado programas de cumplimiento voluntario desde la publicación del Estudio de 2008 y se llegaba a la conclusión de que el valor de dichos programas ya estaba bien acreditado.

10. Tanto la declaración obligatoria como el cumplimiento voluntario están concebidos para mejorar la transparencia, la evaluación de riesgos y, en última instancia, el cumplimiento del contribuyente. Lo logran de formas distintas y puede que estén dirigidos a colectivos de contribuyentes diferentes; por ejemplo, los programas de cumplimiento voluntario a menudo se centran en las empresas más grandes. Sin embargo, como se menciona más adelante en este informe, la declaración obligatoria puede reforzar la efectividad de un programa de cumplimiento voluntario asegurando que hay igualdad de condiciones en términos de declaración y transparencia fiscal para todos los contribuyentes.

Ámbito del presente informe

11. Este informe presenta una visión general de los regímenes de declaración obligatoria, basada en la experiencia de países que cuentan con este tipo de normas, y realiza una serie de recomendaciones para el diseño modular de regímenes de declaración obligatoria. El diseño recomendado utiliza un marco normalizado para garantizar la máxima coherencia, procurando al mismo tiempo la suficiente flexibilidad para que las administraciones tributarias puedan controlar el número y el tipo de declaraciones. En este informe también se presentan recomendaciones para un régimen de declaración obligatoria diseñado para captar las estructuras de tributación internacional. El informe se divide en cuatro capítulos:

- En el capítulo 1 se presenta una visión general de las principales características de un régimen de declaración obligatoria y se analiza su interacción con otras iniciativas de declaración y herramientas de cumplimiento.
- En el capítulo 2 se establecen tanto el marco como las características de un diseño modular para un régimen de declaración obligatoria.
- El capítulo 3 se centra en las operaciones internacionales y examina el mejor modo de captar estas operaciones mediante un régimen de declaración obligatoria.
- En el capítulo 4 se analiza el intercambio de información en el marco de las estructuras internacionales.

Bibliografía

OCDE (2013a), Plan de acción contra la erosión de la base imponible y el traslado de beneficios, OCDE, París, http://dx.doi.org/10.1787/9789264207813-es.

OCDE (2013b), *Relación cooperativa: Un marco de referencia: De la relación cooperativa al cumplimiento cooperativo*, OCDE, París, http://dx.doi.org/10.1787/9789264207547-es.

OCDE (2011), *Tackling Aggressive Tax Planning through Improved Transparency and Disclosure*, OCDE, París, www.oecd.org/ctp/exchange-of-tax-information/48322860.pdf.

OCDE (2008), *Study into the Role of Tax Intermediaries*, OCDE, París (Estudio sobre el papel de los intermediarios fiscales), http://dx.doi.org/10.1787/9789264041813-en.

Capítulo 1

Visión general de la declaración obligatoria

Objetivos

12. El objetivo principal de las normas de declaración obligatoria es proporcionar información temprana sobre las estructuras de planificación fiscal potencialmente agresivas o abusivas e identificar a sus promotores y usuarios.[1] La detección temprana gracias a la rápida obtención de información pertinente mejora la efectividad de las autoridades fiscales en sus actividades de cumplimiento. Como consecuencia, algunos de los recursos que de otro modo se destinaría a detectar casos de elusión fiscal, por ejemplo, mediante inspecciones, pueden ser destinados a revisar y responder a la declaración de las estructuras. Por otro lado, la información temprana permite a las administraciones tributarias responder con prontitud a los cambios en el comportamiento del contribuyente por medio de cambios en las leyes, reglamentos o políticas operativas.

13. Otro de los objetivos de las normas de declaración obligatoria es la disuasión. Se puede lograr reducir la promoción y el uso de la elusión fiscal modificando los principios económicos por los que se rige. Es posible que este objetivo obligue a los contribuyentes a cuestionarse la puesta en marcha de una estructura en caso de declararla y saber que las autoridades fiscales podrían adoptar otra postura sobre las consecuencias fiscales de dicha estructura o mecanismo.

14. Por otra parte, las normas de declaración obligatoria ejercen presión sobre la oferta y la demanda de prácticas de elusión fiscal, ya que los promotores y usuarios cuentan con escasas posibilidades de poner en práctica las estructuras antes de que las autoridades se lo impidan. Para mejorar el efecto de un régimen de declaración es importante, por tanto, que las administraciones tributarias y los sistemas legislativos de los países puedan reaccionar con rapidez para reducir las oportunidades de eludir impuestos.

15. Aunque los países han manifestado diferentes experiencias con respecto al efecto disuasorio, los objetivos de las normas de declaración existentes pueden resumirse de la siguiente manera:

- Obtener información temprana sobre estructuras fiscales potencialmente agresivas o abusivas con el fin de conseguir información para la evaluación de riesgos,
- Identificar estructuras, y a los usuarios y promotores de las mismas de forma oportuna, y
- Actuar como elemento disuasorio, reduciendo la promoción y el uso de estructuras de elusión.

16. A continuación se expone la efectividad de la declaración obligatoria en la consecución de estos objetivos.

Elementos básicos de la declaración obligatoria

17. Para alcanzar los objetivos mencionados anteriormente, los regímenes de declaración obligatoria tienen que abordar una serie de cuestiones básicas de diseño que determinan su ámbito de alcance y aplicación, que son:

- **Quién tiene que declarar:** Las normas de declaración obligatoria pueden exigir la declaración a los contribuyentes (los usuarios) y/o los planificadores (promotores o asesores) de las potenciales estructuras de elusión.
- **Qué información hay que declarar:** Puede desglosarse en dos cuestiones distintas:
  - En primer lugar, los países tienen que decidir qué tipos de estructuras y mecanismos deben ser declarados con arreglo al régimen (es decir, hay que definir lo que es una "estructura sujeta a declaración"). Como se indica más adelante, el hecho de que una estructura esté sujeta a declaración, no significa automáticamente que conlleve una elusión fiscal. En general, algunos de los rasgos distintivos que se describen en este documento han estado asociados a operaciones abusivas desde un punto de vista fiscal, pero también pueden encontrarse en operaciones legítimas. Por otra parte, es poco probable que se diseñe un régimen de declaración que detecte todos los casos de elusión fiscal, sino que es más probable que la declaración se centre en las áreas de elusión y planificación fiscal agresiva que se considera que generan los mayores riesgos.
  - Los países también deben decidir qué información hay que declarar acerca de una estructura sujeta a declaración. Esto implica alcanzar un equilibrio entre garantizar que la información sea clara y útil y evitar cargas de cumplimiento indebidas para los contribuyentes.
- **Cuándo se declara la información:** El objeto de las normas de declaración obligatoria es ofrecer a las administraciones tributarias información inmediata sobre determinadas estructuras de planificación fiscal y sus usuarios. De ahí que la determinación del momento en que los promotores y/o usuarios deben realizar la declaración es crucial para alcanzar ese objetivo.
- **Qué otras obligaciones (en su caso) deben imponerse a los promotores y/o usuarios de una estructura:** Por ejemplo, los países podrían exigir a los usuarios de estructuras que indicaran un número de identificación único en sus declaraciones para identificar a los usuarios de estructuras no declaradas. Las normas de declaración también pueden exigir a los promotores que faciliten listas de clientes a la administración tributaria.
- **Cuáles son las consecuencias del incumplimiento:** En general, el incumplimiento de las normas de declaración lleva aparejado sanciones. Los países también pueden aplicar otras penalizaciones para exigir el cumplimiento de las normas de declaración obligatoria y prevenir los incumplimientos.
- **Cuáles son las consecuencias de la declaración:** Los regímenes de declaración obligatoria tienen que ser claros sobre las consecuencias de la declaración para el contribuyente y el asesor. En particular, los países deben explicar con claridad que la declaración de una estructura no significa que esa estructura quede aceptada por la administración tributaria ni que no vaya a ser cuestionada.
- **Cómo utilizar la información recabada:** Los regímenes de declaración deben ofrecer información pertinente sobre las estructuras de elusión fiscal de forma que,

además de definir el alcance de las normas según lo indicado anteriormente, los países tienen que analizar cómo hacer un uso pleno de la información recabada con objeto de mejorar el cumplimiento.

Principios de diseño

18. El enfoque específico adoptado para introducir normas de declaración obligatoria variará en función del país. No obstante, en el siguiente texto se consideran los principios de diseño más importantes.

Las normas de declaración obligatoria deben ser claras y fáciles de entender

19. Las normas de declaración obligatoria deben estar redactadas con la mayor claridad posible para que los contribuyentes sepan a ciencia cierta lo que requiere el régimen. La falta de claridad y certeza puede ocasionar fallos no intencionados en la declaración (con la consiguiente imposición de sanciones), lo que puede incrementar la resistencia de los contribuyentes a estas normas. Por otro lado, la falta de claridad podría provocar que la información recibida por la administración tributaria fuera de baja calidad o irrelevante.

Las normas de declaración obligatoria deberían alcanzar un equilibrio entre el incremento de los costes de cumplimiento que soportan los contribuyentes y los beneficios obtenidos por la administración tributaria

20. Las normas de declaración obligatoria, al imponer a contribuyentes y/o promotores la obligación de declarar determinadas operaciones, aumentarán los costes iniciales de cumplimiento. Sin embargo, en virtud de estas normas las administraciones tributarias conseguirán una mejor información sobre las operaciones de elusión fiscal y deberían permitirles utilizar sus recursos con más eficiencia. De este modo, al seleccionar o evaluar mejor los riesgos los contribuyentes también podrían resultar beneficiados, ya que las indagaciones se centrarían en las áreas de preocupación real para la administración tributaria.

21. El alcance y la extensión de cualquier obligación de declaración es clave para conseguir un equilibrio. Los requisitos innecesarios o adicionales aumentarán los costes soportados por el contribuyente y podrían menoscabar la capacidad de la administración tributaria para utilizar efectivamente los datos facilitados.

Las normas de declaración obligatoria deberían ser efectivas para lograr los objetivos políticos previstos y para detectar con precisión las estructuras pertinentes

22. Como se ha mencionado antes, el objetivo principal de un régimen de declaración obligatoria es conocer cuanto antes las estructuras de elusión fiscal y a sus usuarios y promotores. Por tanto, las normas deben ser redactadas de forma que se pueda obtener suficiente información sobre las estructuras y los mecanismos que preocupan a la administración tributaria. También deben ofrecer información que permita la identificación de los usuarios y promotores. No sería práctico que un régimen de declaración obligatoria se centrara en todas las operaciones que suscitan dudas de elusión fiscal, por lo que la identificación de "rasgos distintivos" es un factor clave para establecer el alcance de las normas. Estos rasgos distintivos tendrán que reflejar, no obstante, las necesidades o riesgos específicos de cada país.

La información recabada por medio de declaraciones obligatorias debe ser utilizada de forma efectiva

23. Toda administración tributaria tiene que poner en marcha procedimientos efectivos para dar el mejor uso posible a la información declarada por los contribuyentes. Para ello es preciso establecer un proceso de revisión de las declaraciones e identificación de las posibles repercusiones en materia de política y recaudación tributarias. Una vez identificados los problemas, se requiere una comunicación efectiva en el seno de la administración tributaria a fin de garantizar que tales problemas sean correctamente entendidos y abordados. Aunque es posible destinarse recursos adicionales a esta tarea, este coste podría compensarse con el ahorro de recursos derivado de la identificación más rápida y eficiente de problemas emergentes en materia de política y recaudación tributarias.

Comparación con otras iniciativas de declaración

24. Algunos países utilizan otras iniciativas de información o cumplimiento de forma adicional al régimen de declaración obligatoria o en su lugar. Esos otros tipos de iniciativas de declaración puestas en práctica por las administraciones tributarias para recabar información de cumplimiento de los contribuyentes se describen más detalladamente en el Informe *Tackling Aggressive Tax Planning through Improved Transparency and Disclosure* (Informe de 2011, OCDE, 2011) e incluyen:

- **Mecanismos de consulta** que permiten a los contribuyentes obtener la opinión de la autoridad tributaria sobre cómo se aplica la ley fiscal a una operación o serie de circunstancias concretas y les ofrece un cierto grado de seguridad sobre las consecuencias fiscales. Las consultas pueden desempeñar, al menos en parte, una función similar a los regímenes de declaración dado que, por lo general, el contribuyente solicitará la consulta antes de llevar a cabo la operación. No obstante, la utilidad del mecanismo de consulta como fuente de información sobre operaciones de elusión fiscal puede verse limitada si la administración tributaria no se pronuncia sobre las operaciones que constituyan estructuras de planificación fiscal abusiva o agresiva, dado que los contribuyentes no tendrán incentivos para solicitar dichas consultas.
- **Obligaciones de declaración complementarias** que exigen a los contribuyentes declarar operaciones, inversiones o consecuencias fiscales concretas, normalmente en el marco del proceso de declaración de impuestos.
- **Encuestas y cuestionarios** que utilizan algunas administraciones tributarias para recopilar información sobre determinados grupos de contribuyentes con el fin de realizar una evaluación de riesgos.
- **Declaraciones voluntarias** como medio de reducir las sanciones a contribuyentes.
- **Programas de cumplimiento voluntario** en los que los participantes acuerdan presentar una declaración completa y cierta de las cuestiones y operaciones fiscales significativas, y proporcionar suficiente información para entender la operación y su impacto fiscal.

En la Tabla 1.1 se facilita un resumen comparativo de estas iniciativas de declaración de información.

Tabla 1.1. **Comparación de las normas de declaración obligatoria (NDO) con otros regímenes**

	NDO	Consultas	Obligación de declaración complementaria	Encuestas	Reducción de sanciones por declaración temprana	Programas de cumplimiento voluntario
1. ¿Quién está obligado a declarar con arreglo a un régimen?						
Contribuyentes	Todos los contribuyentes	Todos los contribuyentes	Todos los contribuyentes	Subconjunto de contribuyentes	Todos los contribuyentes	Subconjunto de contribuyentes
Terceros	Promotores	No	No	No	No	No
2. Qué información hay que declarar						
Tipo de operaciones	Elusión fiscal: Áreas de riesgo conocidas, y operaciones nuevas o potencialmente abusivas	No diseñadas principalmente para captar elusión fiscal [a]	Puede no estar centrada en estructuras de elusión o sólo en estructuras concretas	Áreas particulares de riesgo conocido	Puede aplicarse a toda la elusión fiscal y a la evasión	Planificación fiscal o elusión fiscal por parte de contribuyentes en el marco de un programa
Información sobre el promotor	Sí [b]	No	No	No	No	No
3. Efecto						
Certeza para el contribuyente	No	Sí, operaciones específicas	No	No	No	Sí
Disuasión desde el lado de la demanda de sistemas de elusión [c]	Sí	Sí	Sí	Sí	Sí	Sí
Disuasión desde el lado de la oferta de sistemas de elusión	Sí	No	No	No	No	No
Plazos	Permiten obtener información en las primeras fases	Permiten obtener información en las primeras fases	Suele formar parte del proceso de presentación de la declaración, luego no hay detección temprana	Variable – es poco probable que facilite la detección temprana	Variable – limitada posibilidad de detección temprana	Permiten obtener información en las primeras fases
Naturaleza del requisito de declaración	Obligatorio	Voluntario	Obligatorio	Obligatorio	Voluntario	Voluntario

Notas: a. Varios países afirmaron que sus regímenes de consulta no ofrecían información sobre elusión. No se han realizado pruebas, pero los comentarios formulados en la mesa y en este capítulo hacen referencia al modo en que se suelen aplicar los regímenes de consulta por lo general en los países involucrados en este trabajo.

b. Se obtiene información sobre el promotor, salvo en el mínimo número de casos en que sólo declara el contribuyente.

c. Aunque es difícil cuantificar la intensidad del efecto disuasorio, las normas de declaración obligatoria pueden producir un mayor efecto disuasorio que otros regímenes, porque se centran especialmente en las estructuras de planificación fiscal agresiva y los contribuyentes saben que sus declaraciones pueden ser comprobadas por las autoridades tributarias con vistas a actuar sin dilación para evitar cualesquiera riesgos en materia de política y recaudación tributarias.

25. En cada caso, el objetivo de estas iniciativas es exigir o incentivar, en mayor o menor medida, a los contribuyentes y a sus asesores para que ofrezcan a las autoridades fiscales información sobre el comportamiento del contribuyente, que esta sea más detallada o más oportuna que la consignada en una declaración de impuestos. Estas otras iniciativas de declaración y cumplimiento tienen un objetivo diferente al de la declaración obligatoria y no se centran exclusivamente en la identificación de los riesgos en materia de política y recaudación tributarias que plantea la planificación fiscal agresiva. Por eso, normalmente no tienen el amplio alcance de un régimen de declaración obligatoria (que incluye cualquier tipo de impuesto o contribuyente) ni se centran en obtener información específica sobre promotores, contribuyentes y estructuras definidas. La característica principal que distingue la declaración obligatoria del resto de tipos de obligaciones de declaración es que los regímenes de declaración obligatoria están específicamente diseñados para detectar estructuras de planificación fiscal que explotan vulnerabilidades del sistema tributario, proporcionando al mismo tiempo a las administraciones tributarias la flexibilidad necesaria para elegir umbrales, rasgos distintivos y filtros con el fin de centrarse en las operaciones de especial interés y en las áreas en las que se percibe riesgo. Más adelante se comentan más detalladamente las principales diferencias entre los regímenes de declaración obligatoria y los demás tipos de iniciativas de declaración.

La declaración obligatoria se aplica a un colectivo de personas más amplio

26. Los regímenes de declaración obligatoria, al aplicarse a todos los contribuyentes (tanto grandes como pequeños) y no sólo a los que optan por una declaración mediante una medida de cumplimiento voluntario, tienen un alcance más amplio y pueden captar al mayor número posible de contribuyentes, tipos de impuestos y operaciones. Los regímenes de declaración obligatoria también incluyen a terceros que participan en el diseño, la comercialización o la implantación de las estructuras de planificación fiscal. A diferencia de las iniciativas de declaración voluntaria, que únicamente incentivan al contribuyente a declarar detalles de sus sistemas de planificación fiscal, la declaración obligatoria es forzosa, de forma que cualquier estructura que esté sujeta al régimen ha de ser declarada por todos los contribuyentes y sus asesores. Los mecanismos de consulta, por ejemplo, pueden ofrecer a las administraciones tributarias información útil sobre las operaciones que están realizando los contribuyentes y sobre el modo en que éstos interpretan y aplican la ley. Sin embargo, como las consultas son iniciativas de cumplimiento voluntario, se aplicarán a un número más reducido de contribuyentes, únicamente a los que opten por esta solución.

27. Mientras un programa de cumplimiento cooperativo eficaz o cuestionarios específicos pueden proporcionar información sobre estructuras de planificación fiscal, ninguna de estas iniciativas de declaración se dirige al mismo colectivo de contribuyentes o asesores y terceros responsables del diseño y la implantación de dichas estructuras. Aunque las encuestas y los cuestionarios para contribuyentes puedan llegar a un grupo más amplio de contribuyentes que un régimen de cumplimiento voluntario, sólo pueden abarcar una selección de riesgos y la información obtenida sobre esos riesgos dependerá del diseño del cuestionario. La efectividad de los cuestionarios también dependerá de las facultades de la administración tributaria para exigir su cumplimentación a los contribuyentes.

La declaración obligatoria ofrece información específica sobre la estructura, los usuarios y los proveedores

28. Muchos países imponen obligaciones de declaración a sus contribuyentes acerca de operaciones concretas o exigen a los contribuyentes declarar específicamente la aplicación del

plan en particular. Estas obligaciones de declaración adicionales permiten a las autoridades fiscales reforzar la eficiencia de las inspecciones gracias a una mejor recopilación y análisis de los datos. No obstante, a diferencia de los regímenes de declaración obligatoria, las obligaciones de declaración adicionales no se centran en la elusión fiscal y, por lo general, no están encaminadas a proporcionar a las administraciones tributarias información sobre técnicas de planificación fiscal.

29. A falta de un régimen de declaración obligatoria, las autoridades fiscales no sólo encontrarán dificultad para identificar la estructura con la información disponible, sino que además comprobarán que, para cuando hayan detectado la estructura, ya es demasiado tarde para impedir una importante pérdida de ingresos fiscales. También resultará difícil identificar a todos los usuarios de una estructura, sin utilizar muchos otros recursos de la administración tributaria, por lo que la cuantificación de la pérdida fiscal, o el diseño de una estrategia de cumplimiento efectiva, puede suponer un reto.

30. Dado que la declaración obligatoria impone a los promotores y contribuyentes la obligación de declarar datos concretos de la estructura directamente a la administración tributaria, es un método más eficiente y efectivo de obtener información exhaustiva sobre la planificación fiscal que basarse en un análisis o inspección de la información presentada en las declaraciones de impuestos. La declaración obligatoria también proporciona a las administraciones tributarias información sobre los usuarios de la estructura y sobre los responsables de la promoción e implantación de la misma. Este uso de listas de clientes y números de identificación de estructuras permite a la administración tributaria apreciar con rapidez y precisión el alcance del riesgo fiscal que plantea una estructura, e identificar fácilmente los casos en que un contribuyente ha utilizado una estructura. El acceso a listas de clientes también brinda la posibilidad de utilizar otras herramientas de cumplimiento fiscal como la comunicación directa con los contribuyentes.

La declaración obligatoria ofrece información en las primeras fases del proceso de cumplimiento fiscal

31. Uno de los objetivos principales de un régimen de declaración obligatoria es facilitar a las administraciones información temprana sobre el comportamiento en materia de planificación fiscal. Tener esta información cuanto antes permite a las administraciones tributarias responder con más rapidez a los riesgos de política y recaudación tributarias mediante la introducción de cambios operativos, legislativos o normativos. Otras iniciativas de declaración no suelen ofrecer a las administraciones tributarias el mismo grado de anticipación. La petición de consultas es quizá la excepción, dado que los contribuyentes normalmente la realizan antes de llevar a cabo la operación. Sin embargo, los mecanismos de consulta son iniciativas de declaración voluntaria utilizadas por un grupo limitado de contribuyentes, por lo que no proporcionan a las administraciones tributarias una visión global completa del comportamiento de un contribuyente ni sirven como indicador fiable de los riesgos emergentes en materia de política y recaudación tributarias.

Coordinación con otras herramientas de declaración y cumplimiento

32. La decisión de introducir un régimen de declaración obligatoria y la de determinar su estructura y contenido dependen de una serie de factores entre los que se incluye la evaluación de los riesgos en materia de política y recaudación tributarias planteados por la planificación fiscal en la jurisdicción y la disponibilidad de otras herramientas de declaración y cumplimiento. En particular, el mayor conocimiento de las actividades de planificación fiscal,

que una administración tributaria conseguirá mediante un régimen de declaración obligatoria, dependerá de la amplitud y efectividad de otras declaraciones de información, como los regímenes de cumplimiento voluntario y las consultas, que recopilan sustancialmente la misma información. No obstante, el análisis recogido en este capítulo indica que la declaración obligatoria ofrece a las administraciones tributarias una serie de ventajas con respecto a otras modalidades de declaración, ya que exige, al inicio del proceso de cumplimiento fiscal, tanto a contribuyentes como a promotores la declaración de estructuras de planificación fiscal que plantean riesgos concretos en materia de política y recaudación tributarias. Los países que han introducido normas de declaración obligatoria indican que son efectivas tanto para prevenir las actividades de planificación fiscal agresiva como para mejorar la calidad, oportunidad y eficiencia de la recopilación de información sobre estructuras de planificación fiscal, lo que permite una respuesta de cumplimiento, legislativa y normativa más efectiva. Los datos que se incluyen más adelante respaldan estas afirmaciones.

33. Aunque otras iniciativas de declaración y cumplimiento también pueden tener resultados similares, no persiguen exactamente los mismos objetivos, dado que se aplican a un colectivo diferente y, en algunos casos, a un número menor de contribuyentes, asesores e intermediarios y, además, no tienen el mismo enfoque ni proporcionan el mismo nivel de información acerca de la elusión fiscal o la proporcionan, pero es más avanzado el proceso de cumplimiento fiscal.

34. Así como algunas iniciativas de declaración, como las consultas y los programas de cumplimiento voluntario, no son un buen sustituto de un régimen de declaración obligatoria, la declaración obligatoria no puede sustituir ni suprimir la necesidad de otros tipo de herramientas de declaración y cumplimiento. Sin embargo, la declaración obligatoria puede reforzar otras herramientas de declaración y cumplimiento fiscal como los programas voluntarios de declaración o cumplimiento al garantizar una mayor igualdad de condiciones para las grandes empresas y otros contribuyentes que no tienen el mismo tipo de relación de cumplimiento con la administración tributaria. A la hora de decidir si se introduce un régimen de declaración obligatoria o de determinar los tipos de mecanismos en los que debe centrarse el régimen, una administración tributaria deberá tener en cuenta otros instrumentos de recopilación de información y sus procesos de evaluación de riesgos, de forma que puedan coordinarse y armonizarse en la mayor medida posible. Por ejemplo, si una jurisdicción ya cuenta con normas de información específicas sobre determinadas operaciones, debe analizar si excluye esas operaciones del ámbito de aplicación de cualquier régimen de declaración obligatoria.[2] Por otra parte, una estructura que deba declararse con arreglo a un régimen de declaración obligatoria no debería tener que declararse por segunda vez en virtud de un requisito de declaración voluntaria, por ejemplo para que el contribuyente se acoja a una reducción de sanciones.

35. También existe cierto solapamiento inevitable (y deseable) entre el funcionamiento y los efectos de la declaración obligatoria y una norma antielusión de carácter general ("GAAR", del inglés general anti-avoidance rule). Una GAAR dota a las administraciones tributarias de capacidad para responder rápidamente ante casos de elusión fiscal que se detecten a tenor de un régimen de declaración obligatoria. Del mismo modo, desde la perspectiva de la disuasión, es menos probable que un contribuyente ponga en práctica una estructura de planificación fiscal si sabe que tendrá que declarar las consecuencias fiscales y que, posteriormente, la administración tributaria puede cuestionarla. La declaración obligatoria y las GAAR suelen ser, por tanto, complementarias entre sí a efectos del cumplimiento. No obstante, también conviene señalar que el objeto de un régimen de declaración obligatoria es facilitar a la administración tributaria información sobre un abanico más amplio de riesgos en materia de política tributaria y recaudación,

distintos de los planteados por operaciones que serían calificadas de elusión conforme a una GAAR. Por consiguiente, la definición de "estructura sujeta a declaración" tenderá a ser más amplia que la definición de estructura de elusión fiscal establecida en una GAAR y también debería abarcar operaciones que se perciban que son agresivas o de alto riesgo desde una perspectiva de planificación fiscal.

Efectividad de la declaración obligatoria[3]

36. Entre los países de la OCDE y del G20, se han introducido normas de declaración obligatoria en Estados Unidos, Canadá, Sudáfrica, Reino Unido, Portugal, Irlanda, Israel y Corea.[4] En 1984, Estados Unidos introdujo por vez primera dichas normas, que fueron revisadas en profundidad por última vez en 2004. Canadá le siguió en 1989 con un régimen de Tax Shelter (TS) [refugio fiscal] para determinados sistemas de planificación fiscal específicos que conllevaban mecanismos de donación y la adquisición de bienes. Por otra parte, en junio de 2013 se promulgó la nueva legislación en materia de declaración de operaciones de elusión fiscal ("RTAT", por sus siglas en inglés) con requisitos mucho más amplios. Sudáfrica introdujo las normas de declaración en 2003 y las revisó en 2008. El Reino Unido promulgó normas de declaración en 2004 y las revisó significativamente en 2006. El 1 de enero de 2011, se volvieron a introducir importantes modificaciones. Portugal e Irlanda introdujeron su régimen de declaración obligatoria en 2008 y 2011 respectivamente y, desde entonces, también Corea e Israel han implantado normas de declaración obligatoria. El diseño (y en consecuencia, el efecto) de estos regímenes varía de un país a otro. Sin embargo, como se ha comentado anteriormente, en general los principales objetivos de las normas de declaración obligatoria pueden resumirse de la siguiente manera:

- Obtener información temprana sobre las estructuras de elusión fiscal con el fin de conseguir información para la evaluación de riesgos,
- Identificar estructuras, y a los usuarios y promotores de las mismas de forma oportuna, y
- Actuar como un elemento disuasorio, reducir la promoción y el uso de estructuras de elusión.

37. No todos los países que cuentan con regímenes de declaración obligatoria han recabado datos sobre la efectividad de sus regímenes a la luz de estos objetivos. Una parte importante de la información recogida en esta sección se centra en datos y estadísticas facilitados por el Reino Unido, así como en algunos ejemplos y datos facilitados por otros países. Sin embargo, aunque los datos disponibles no son exhaustivos ni detallados, las opiniones de quienes cuentan con estos regímenes de declaración permiten obtener una visión razonablemente coherente que deja entrever que la declaración obligatoria alcanza sus objetivos con éxito.

Obtener información temprana

38. Al dotar a las administraciones fiscales de un sistema efectivo de "alerta temprana" para riesgos emergentes de política y recaudación tributarias, éstas disponen de un mayor abanico de opciones para hacer frente a esos riesgos a través de medidas de cumplimiento, legislativas o normativas.

39. El régimen de Declaración de Estructuras de Elusión Fiscal (DOTAS, del inglés Disclosure of Tax Avoidance Schemes) del Reino Unido ha proporcionado información temprana sobre estructuras de elusión fiscal, lo que ha permitido al gobierno del Reino Unido

aprobar, en su caso, leyes encaminadas al cierre de estas estructuras antes de incurrir en una importante pérdida de recaudación. De las 2 366 estructuras de elusión declaradas hasta 2013, 925 han sido cerradas en virtud de disposiciones legales (un cambio legislativo puede cerrar más de una estructura: con sólo 3 cambios legislativos se cerraron más de 200 estructuras que afectaban al impuesto sobre bienes inmuebles británico). Las estructuras también pueden cerrarse con gran rapidez. Por ejemplo, en una ocasión, se cerró una estructura a la semana de ser declarada, protegiendo así millones de ingresos de recaudación.

40. Según la experiencia del Reino Unido, en los primeros años tras la adopción de DOTAS, se produjo un aumento inicial de la actividad para subsanar lagunas legales mediante la introducción de cambios legislativos, a medida que se disponía de más información sobre las estructuras que se estaban promoviendo en el mercado.[5] Desde entonces, esta actividad se ha ido moderando por varios factores, entre los que se incluyen:

- el estrechamiento gradual, gracias a los sucesivos cambios legislativos, del ámbito para diseñar estructuras de elusión con éxito;
- la salida de algunas de las firmas de asesoría más grandes y expertas del mercado del diseño de estructuras de elusión fiscal, tal y como se pretendía con DOTAS;
- la suma de otros instrumentos al conjunto de herramientas para luchar contra la elusión fiscal, como normas específicas de prevención de la elusión, una norma general de prevención de abusos (GAAR), medidas dirigidas a los promotores;
- un deterioro de los conocimientos técnicos del tipo de entidades que promueven estructuras de elusión, lo que se traduce en que las estructuras declaradas pueden cerrarse con arreglo a la legislación existente sin que se requiera una respuesta legislativa.

41. También existen ejemplos de cómo la declaración obligatoria ha servido de base para realizar cambios legislativos en otros regímenes. Por ejemplo, el régimen irlandés de declaración obligatoria permitió recibir numerosas declaraciones en relación con los fondos de prestaciones a empleados.[6] A fin de luchar contra estas estructuras, en la Ley Presupuestaria irlandesa de 2013 se introdujo una disposición de amplio alcance contra la elusión fiscal.

42. En Sudáfrica, cualquier acción preferente que sea rescatable en los 10 años siguientes a la emisión es considerada un mecanismo sujeto a declaración. Estos mecanismos componen la mayoría de las operaciones declaradas y los datos recopilados han permitido entender cómo se sigue utilizando la financiación por medio de acciones preferentes. Este entendimiento ha servido de base para diseñar las nuevas normas del impuesto sobre capital híbrido recientemente adoptadas.

Identificación mejorada de estructuras, usuarios y promotores

43. La introducción de un régimen de declaración obligatoria debería permitir a las administraciones tributarias reducir su dependencia de la inspección y del análisis de datos como mecanismo de detección de las actividades de elusión fiscal.

44. El directorio ATP (del inglés, Aggressive Tax Planning; planificación fiscal agresiva) es una base de datos de estructuras de planificación fiscal que mantienen determinados países de la OCDE y del G20. El directorio recoge las estructuras ATP enviadas por los países que tienen acceso a él y se utiliza para identificar las tendencias de planificación fiscal y formular estrategias de detección y respuesta. De las más de 400 estructuras recogidas en el directorio, dos terceras partes han sido identificadas mediante análisis

de datos e inspecciones. Sin embargo, la dependencia de la inspección y del análisis de datos es al parecer muy inferior en países que han introducido regímenes de declaración obligatoria. Si se realiza el mismo análisis utilizando un subconjunto de 4 países miembros con regímenes de declaración obligatoria,[7] el número de estructuras aportadas que la administración tributaria ha identificado mediante inspecciones y análisis de datos cae a una tercera parte, procediendo otra tercera parte de la declaración obligatoria. Esto indicaría que los países que han implantado regímenes de declaración obligatoria dependen sustancialmente menos de las inspecciones y del análisis de datos como método de detección de estructuras de planificación fiscal.

45. En cuanto a países concretos, la información facilitada por el régimen DOTAS del Reino Unido en torno a la adopción de una estructura ha sido útil para articular una respuesta operativa. Las listas de clientes también han permitido el despliegue de recursos de la administración tributaria británica que se han coordinado y planificado de forma más efectiva porque identifican el número de casos posibles en la fase inicial. Las listas de clientes también han ofrecido un mecanismo adicional para comprobar que todos los usuarios declaran las estructuras.

46. La administración tributaria del Reino Unido también ha aprovechado la oportunidad creada por la declaración temprana para intervenir con los promotores. Por ejemplo, en un caso era evidente que la estructura no funcionaba y se basaba en una interpretación incorrecta de la legislación tributaria pertinente. Tras mantener conversaciones con el promotor y emitir un comunicado para advertir a posibles usuarios, el promotor accedió a no comercializar esta estructura. De este modo, los recursos se utilizaron de forma más eficiente si lo comparamos con el hecho de esperar a que la estructura haya sido ampliamente comercializada e impugnar las declaraciones una por una.

47. En cuanto al régimen canadiense de refugios fiscales, los promotores tienen que obtener un número de identificación antes de vender una estructura y deben identificar a todos los participantes y declarar todos los importes al cierre del mes de febrero del año siguiente. Esta información permitió a las autoridades fiscales canadienses ("CRA", del inglés Canada Revenue Agency) determinar más rápidamente el alcance de los problemas planteados por los refugios fiscales que entrañan donaciones benéficas. Además, al disponer de antemano de los nombres de los participantes se facilitaron mucho las inspecciones y se logró un ahorro de tiempo en la identificación. La CRA ya ha rechazado más de 5 900 millones de CAD en reclamaciones por donación y ha revisado la declaración de más de 182 000 contribuyentes que participaron en estos refugios fiscales para donaciones. Asimismo, la CRA ha revocado el carácter benéfico de 47 organizaciones benéficas que participaron en estos mecanismos, y ha impuesto sanciones a terceros como promotores, etc. por una suma próxima a 137 millones de CAD.

Disuasión

48. Es probable que los contribuyentes sigan un enfoque más cauto a la hora de adoptar una estructura de planificación fiscal si saben que tiene que ser declarada y que las autoridades fiscales pueden adoptar una postura diferente sobre las consecuencias fiscales de esa estructura o mecanismo. Dado que los regímenes de declaración obligatoria también requieren la declaración de los terceros que participen en el diseño y la comercialización de una estructura, se dirige tanto al lado de la demanda como al de la oferta del mercado de la elusión fiscal. Influir en el comportamiento de los promotores, asesores e intermediarios puede reducir la incidencia de la planificación fiscal agresiva de forma más rápida y rentable que utilizando estrategias centradas únicamente en el contribuyente.

El hecho de que la declaración obligatoria ofrezca un sistema de alerta temprana para las administraciones tributarias también altera los principios económicos para los promotores, dado que pueden reducirse las oportunidades de los usuarios de implantar estructuras antes de que se las cierren. Aunque es difícil medir el alcance de cualquier efecto disuasorio, los datos y ejemplos que se mencionan a continuación indican que se produce tal efecto.

49. Al amparo del régimen DOTAS británico, se declararon 2 366 estructuras de elusión hasta el 31 de marzo de 2013. Sin embargo, el número de estructuras declaradas anualmente se ha ido reduciendo con los años y la mayoría de los principales asesores fiscales han dejado de promover las estructuras de elusión sujetas a las normas de declaración, actividad que ha quedado en gran medida concentrada en una pequeña minoría de empresas de asesoría fiscal, conocidas generalmente como "boutiques" en el Reino Unido. Se cree que DOTAS es el factor que ha provocado este cambio de comportamiento, aunque no el único.

50. Se ha producido una reducción generalizada del número de estructuras declaradas con el paso de los años desde la introducción de DOTAS, que también implica una reducción del número de estructuras sujetas a declaración que se han utilizado. Cuando se introdujo DOTAS por primera vez, se declaró un importante número de estructuras. Como las cifras han ido en disminución en los últimos años, cada nueva reducción es, lógicamente, menos pronunciada, lo que para la administración tributaria británica demuestra que el mercado se está contrayendo, aunque se han tomado medidas para comprobar que esta reducción no se debe al incumplimiento de DOTAS.

51. A medida que ha ido madurando el régimen británico y que ha ido cayendo el número de estructuras sujetas a declaración, el Reino Unido ha tratado de utilizar la información facilitada por dicho régimen para influir en el comportamiento por otras vías. Por ejemplo, las autoridades fiscales británicas pueden utilizar la información de las declaraciones y las listas de clientes para contactar anticipadamente con los promotores y posibles clientes para tratar de que cambien de opinión sobre una estructura. En virtud de la legislación promulgada en 2014, el Reino Unido también puede exigir que se abonen, antes de la resolución de la controversia, tales impuestos polémicos relacionados con estructuras declaradas, asegurándose así que sea el erario público, y no el contribuyente, quien se beneficie del dinero mientras ésta se resuelve.

52. Del mismo modo, en Estados Unidos el número de informes de todo tipo sobre operaciones sujetas a declaración, incluidas las operaciones catalogadas y las operaciones de interés, se ha ido reduciendo desde la introducción de estos conceptos en 2000 y 2006, respectivamente. Estas reducciones pueden ser atribuibles a más de un factor, incluidas las tendencias de la economía en general. No obstante, cuando se cataloga una operación, la notificación de su probable rechazo, la obligación de declaración y la imposición de sanciones por no declararla suelen provocar un efecto de enfriamiento, reduciéndose las probabilidades de que los contribuyentes realicen operaciones sustancialmente similares. Se produjo el mismo efecto con otras categorías de operaciones sujetas a declaración cuando se introdujeron por primera vez (como, por ejemplo, la protección contractual, la confidencialidad, etc.).

53. En Canadá, los refugios fiscales para mecanismos de donación era una de las estructuras más frecuentes y consolidadas utilizada para hacer un uso abusivo de las deducciones y créditos fiscales disponibles para donaciones a organizaciones benéficas. Estos mecanismos se volvieron populares a principios de la década del 2000 y alcanzaron su punto álgido en 2006 con aproximadamente 49 000 participantes en ese año. A continuación se ilustran las ventas y el número de participantes/inversores de los refugios fiscales para donaciones, en el periodo comprendido entre los años naturales 2006 y 2013.

Gráfico 1.1. **Refugios fiscales para donaciones – participantes y donaciones (Canadá, 2006-13)**

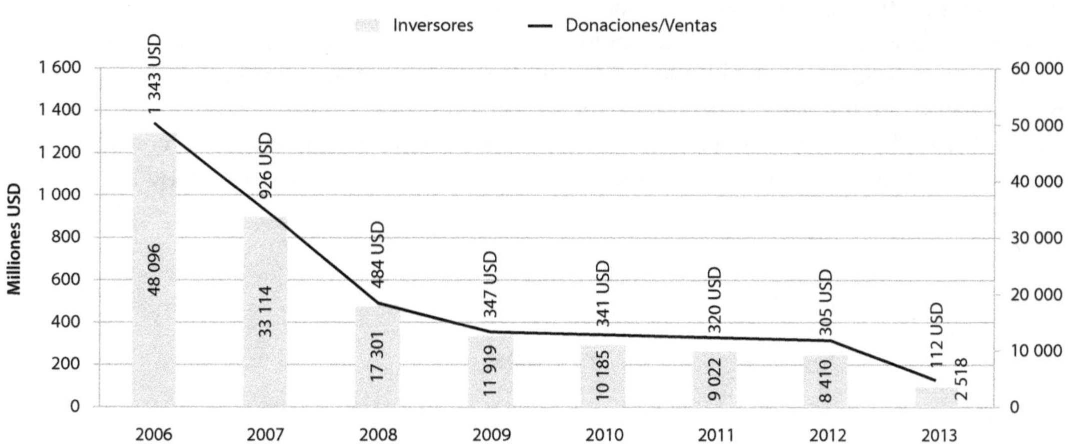

54. En Sudáfrica, la legislación aplicable a los mecanismos sujetos a declaración entró en vigor en 2005 y, posteriormente, en 2008 se promulgó una nueva normativa. La nueva legislación perfeccionó el alcance de los mecanismos sujetos a declaración, en particular, el alcance de los rasgos distintivos genéricos. Desde 2009 se han declarado 629 mecanismos con arreglo al régimen sudafricano. En la mayoría de los casos, las declaraciones han sido presentadas por grandes empresas. Aunque los datos de Sudáfrica presentan una visión más dispar en términos de efectos disuasorios, de la tabla se desprende que la mayoría de las declaraciones por rasgos genéricos se realizaron durante 2009 y que el número de mecanismos declarados anualmente en virtud de esos rasgos ha caído significativamente. Desde que se recabaron estos datos, Sudáfrica ha ampliado el alcance de su régimen de declaración obligatoria con la incorporación de rasgos específicos dirigidos a operaciones que generan especial preocupación a la administración tributaria sudafricana.

Gráfico 1.2. **Declaración anual por tipo de rasgo distintivo (Sudáfrica, 2009-14)**

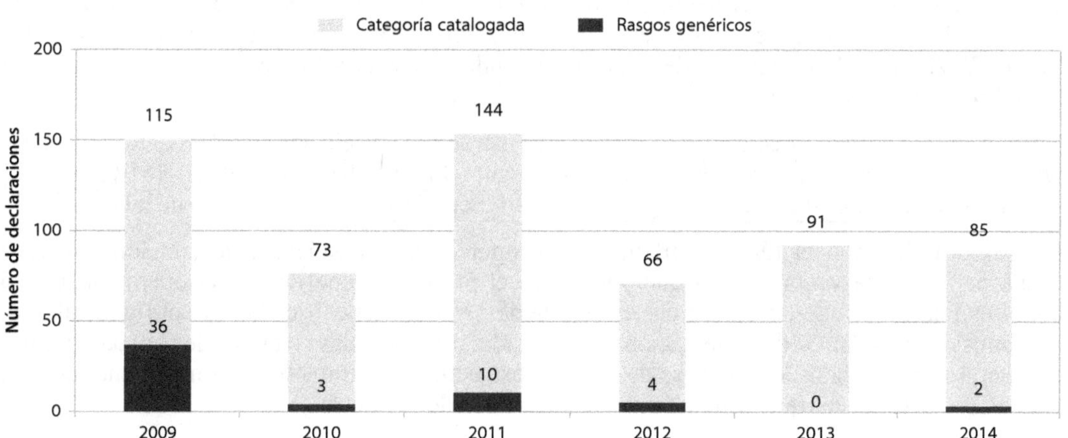

55. En este capítulo se han establecido los objetivos básicos y los principios de diseño de un régimen de declaración obligatoria, se han identificado las características clave de la declaración obligatoria que la diferencian de otros tipos de iniciativas de declaración y se ha descrito la efectividad de la declaración obligatoria como herramienta de cumplimiento sobre la base de los datos facilitados por los países que cuentan con este tipo de regímenes. Sin embargo, el impacto real de la declaración obligatoria desde el punto de vista del cumplimiento fiscal dependerá de los requisitos que el régimen imponga a los contribuyentes y de si el régimen se adhiere a los principios de diseño recogidos en este capítulo.

Notas

1. En el presente informe, la expresión "promotores" se utiliza para referirse en general a quienes promueven un refugio tributario o estructura de elusión fiscal en el sentido tradicional, así como a los intermediarios (como los asesores materiales) que facilitan la aplicación de una estructura sujeta a declaración. Véase asimismo el *Study into the Role of Tax Intermediaries* (OCDE, 2008; Estudio sobre el papel de los intermediarios fiscales).

2. Por ejemplo, en Estados Unidos las operaciones con importantes diferencias de valoración fiscal-contable dejan de estar incluidas en el régimen de declaración obligatoria tras la emisión de un anexo de conciliación del resultado neto, que proporciona información detallada de las operaciones con importantes diferencias de valoración fiscal-contable. Véase también el párrafo 128.

3. Esta sección ha sido elaborada sobre la base de la información relativa a los regímenes de declaración obligatoria facilitada por los países (Canadá, Irlanda, Sudáfrica, el Reino Unido y los Estados Unidos).

4. En cuanto a la legislación primaria estadounidense, véanse los artículos 6011, 6111, 6112, 6707, 6707A, 6662A y 6708 del Internal Revenue Code (Código Tributario), así como los reglamentos del Tesoro promulgados en su desarrollo. En Canadá, véanse los artículos 237.1, 237.3, 143.2 y 248 de la Income Tax Act (Ley del impuesto sobre la renta) y en Sudáfrica, véanse los artículos 80M a 80T de la Ley del impuesto sobre la renta. En el Reino Unido, véase la Finance Act (Ley Presupuestaria) de 2004, Parte 7 (artículos 306 a 319) y en Portugal, véase el Decreto-Ley nº 29/2008 de 25 de febrero de 2008. En Irlanda, véase el artículo 149 de la Finance Act (Ley Presupuestaria) de 2010.

5. Véase el enlace a las estadísticas de declaración de estructuras de elusión fiscal en el Reino Unido: www.gov.uk/government/uploads/system/uploads/attachment_data/file/379821/HMRC_-_Tax_avoidance_disclosure_statistics_1_Aug_2004_to_30_Sept_2014.pdf (acceso el 16 de julio de 2015).

6. De conformidad con el régimen irlandés, una operación está sujeta a declaración si ofrece a una persona una ventaja fiscal que constituye el principal beneficio de la operación y está comprendida en una de las cuatro clases de una descripción especificada: *(1)* confidencialidad; *(2)* comisión elevada; *(3)* documentación normalizada; o *(4)* una clase o clases de ventajas fiscales (estructuras de pérdidas, estructuras de empleo, estructuras de transformación de beneficios en capital, estructuras de transformación de beneficios en donaciones).

7. Se refiere a Canadá, Irlanda, Sudáfrica y el Reino Unido, que cuentan con regímenes de declaración obligatoria. Las estadísticas de Estados Unidos se omiten en el análisis porque Estados Unidos sólo envía información pública al Directorio ATP.

Bibliografía

OCDE (2011), *Tackling Aggressive Tax Planning through Improved Transparency and Disclosure*, OCDE, París, www.oecd.org/ctp/exchange-of-tax-information/48322860.pdf

OCDE (2008), *Study into the Role of Tax Intermediaries*, OCDE, París (Estudio sobre el papel de los intermediarios fiscales), http://dx.doi.org/10.1787/9789264041813-en.

Capítulo 2

Opciones para un modelo de norma de declaración obligatoria

56. Para obtener información de forma anticipada acerca de las estructuras de planificación fiscal y sus usuarios y promotores, hay que considerar ciertas características de diseño a la hora de establecer el régimen de declaración obligatoria. Entre ellas, quién realiza la declaración, qué información ha de declararse y cuándo. En la Acción 12 se reconoce que el diseño de un régimen de declaración obligatoria tiene que ser flexible para adaptarse a las necesidades y los riesgos de cada país, por lo que en este capítulo se presentan opciones para un modelo de norma de declaración obligatoria. De este modo, los países que deseen introducir un régimen de declaración obligatoria podrán adoptar un enfoque modular suficientemente dinámico para que las administraciones tributarias ajusten el régimen en respuesta a nuevos riesgos (o la exclusión de riesgos obsoletos), y escojan las opciones que se adapten mejor a sus necesidades.

57. Los regímenes de declaración obligatoria existentes se pueden dividir en dos categorías básicas:

- El primer enfoque, reflejado en el sistema adoptado por Estados Unidos, se *basa en las operaciones*. En términos generales, este enfoque de la declaración obligatoria comienza por la identificación de las operaciones que la administración tributaria considera que generan un riesgo de política o recaudación tributarias (una estructura sujeta a declaración) y, después, exige la declaración al contribuyente que obtiene una ventaja fiscal de esa estructura sujeta de declaración, así como a cualquier persona que preste una ayuda significativa a este respecto.
- El segundo enfoque, reflejado en el sistema adoptado por el Reino Unido e Irlanda, podría describirse como un enfoque *basado en el promotor*. En general, este enfoque pone mayor énfasis en el papel que desempeñan los promotores de estructuras de planificación fiscal, aunque también considera qué tipos de promotores de estructuras sujetas a declaración y contribuyentes deben declarar.

58. En la medida en que existan diferencias reales entre estos dos enfoques, se reflejan en el modo en que cada régimen identifica las estructuras, a los contribuyentes y a los promotores y en la naturaleza de las obligaciones de declaración que se imponen a cada uno de ellos. Por ejemplo, un enfoque basado en el promotor impone la obligación principal de declaración al promotor, mientras que un enfoque basado en las operaciones puede imponer las mismas obligaciones de declaración tanto al contribuyente como al promotor. También puede haber diferencias en el modo en que cada uno de ellos define el concepto de estructura sujeta a declaración. Por ejemplo, un enfoque basado en las operaciones dará mayor importancia a los rasgos específicos, mientras que un enfoque basado en el promotor, que se centra más en la oferta de las estructuras de planificación fiscal, podría atribuir mayor importancia a los rasgos genéricos y limitar la declaración a los mecanismos en los que la fiscalización sea una de las ventajas principales de la estructura.[1]

59. Aunque los enfoques tengan puntos de partida ligeramente diferentes, cubren el mismo terreno y comparten un mismo conjunto de objetivos básicos, características de diseño y efectos. Por tanto, cabe que en la realidad la distinción entre el enfoque basado en las operaciones y el enfoque basado en el promotor no sea tan importante. En particular:

- Ninguno de los regímenes de declaración obligatoria existentes adopta un enfoque basado exclusivamente en la operación o en el promotor. Por ejemplo, como se señala más adelante, si bien Estados Unidos impone la obligación de declarar tanto al promotor como al contribuyente, el régimen de declaración obligatoria también utiliza determinados rasgos distintivos genéricos para tomar en consideración el comportamiento del promotor.
- Aun cuando los enfoques parecen diferentes en la práctica, pueden tener un desenlace muy parecido. Por ejemplo, como se explica más abajo, cuando llega la hora de decidir "quién tiene que declarar", el régimen británico basado en el promotor consigue un resultado que es sustancialmente similar al obtenido con el enfoque basado en la operación al exigir otras declaraciones al contribuyente en forma de números de identificación de la estructura.

60. Por consiguiente, al tiempo que reconocen las diferencias entre los regímenes de declaración obligatoria, las recomendaciones de diseño que se recogen en este capítulo se basan en las características centrales que son comunes a todos estos regímenes.

Quién tiene que declarar

Sinopsis

61. Los regímenes de declaración obligatoria tienen que identificar al sujeto que está obligado a declarar en virtud del régimen. Como ya se ha indicado, hay dos enfoques distintos basados en los regímenes de declaración obligatoria existentes: *(i)* imponer la obligación principal de declarar al promotor; o *(ii)* imponer la obligación tanto al promotor como al contribuyente. La característica común es que ambos imponen obligaciones al promotor o asesor material. Esto refleja el hecho de que el promotor que diseña y vende una estructura inevitablemente tiene más información sobre la estructura y sobre su funcionamiento. Imponer la obligación al promotor también tiene la ventaja de que permite influir potencialmente en el comportamiento del promotor e incidir así en el lado de la oferta del mercado de la elusión fiscal.

Opciones

62. Así pues, hay dos opciones:

Cuadro 2.1. **Opciones para "quién tiene que declarar"**

- Opción A: Ambos, promotor **y** contribuyente, están obligados a declarar por separado
- Opción B: Bien el promotor **o** bien el contribuyente está obligado a declarar

Opción A: Tanto el promotor como el contribuyente están obligados a declarar por separado

63. La primera opción impone la obligación de declarar tanto al promotor como al usuario. Entre los países que cuentan con normas de declaración obligatoria, Canadá y Estados Unidos adoptaron este modelo. Sin embargo, en Canadá, si se elige adecuadamente, la declaración de una de las partes puede satisfacer la obligación de ambas mientras que, en Estados Unidos, los contribuyentes deben presentar información sobre operaciones concretas, en sus declaraciones, con independencia de que el promotor haya declarado anteriormente la operación. Del mismo modo, en Estados Unidos, la obligación de un promotor que es un asesor material, para presentar información sobre operaciones sujetas a declaración no quedará cumplida con la declaración de esas operaciones por parte del contribuyente.

64. El régimen canadiense impone una obligación de declarar independiente para cada "operación sujeta a declaración" de una estructura de elusión fiscal e impone la misma obligación de declarar datos de la estructura a los contribuyentes que obtengan ventajas fiscales de la operación y a los promotores y asesores con derecho a percibir una remuneración por la operación sujeta a declaración. Ahora bien, la presentación de un modelo de declaración completo y exacto por parte de cualquiera de ellos (contribuyente, promotor o asesor) en relación con una operación sujeta a declaración implica que se considere que el resto ha cumplido sus correspondientes obligaciones de declarar con respecto a esa operación. Asimismo, si la operación forma parte de una serie de operaciones, podrá considerarse que la presentación de una declaración informativa por parte de la persona que declara cada operación de la serie da cumplimiento a la obligación de cada persona obligada a declarar esa serie de operaciones.

65. Según las normas de declaración estadounidenses, cada contribuyente estadounidense que ha participado en una operación sujeta a declaración está obligado a presentar información detallada sobre la operación y sus ventajas fiscales previstas en otro documento separado que se adjunta a la declaración de impuestos del contribuyente y que se presenta al mismo tiempo ante la Oficina de Análisis de Refugios Fiscales (OTSA) de las autoridades fiscales estadounidenses (IRS).

Opción B: Bien el promotor o bien el contribuyente está obligado a declarar

66. Aplicando este enfoque, los promotores son los obligados principales de la declaración y, si presentan su declaración, los usuarios, por lo general, no tienen que presentar detalles de la estructura a la administración tributaria. Tanto en Reino Unido como en Sudáfrica, el promotor debe facilitar al participante o usuario un número de referencia de la estructura para que éste lo consigne en su declaración y, en Sudáfrica, la obligación de declarar del participante sólo desaparece cuando éste ha obtenido confirmación por escrito de que el promotor u otro participante ha efectuado la declaración.

67. El enfoque en el promotor como obligado principal de la declaración puede tener la ventaja de la eficiencia y, sobre todo en el contexto de las estructuras comercializadas masivamente, es probable que sea el promotor quien mejor entienda la estructura y las ventajas fiscales que se derivan de ella. En cambio, generalmente los usuarios sólo tienen que presentar información detallada de la estructura cuando no hay un promotor de la estructura o cuando el promotor no declara o no puede revelar la estructura. Reino Unido, Portugal, Irlanda y Sudáfrica imponen la obligación principal de declarar al usuario en las siguientes circunstancias.

(i) Cuando el promotor es no residente

68. En teoría, los regímenes de declaración obligatoria se aplican por igual a todos los promotores. No obstante, cuando en una estructura participa un promotor no residente, existen dificultades prácticas para garantizar el cumplimiento, por lo que es el usuario de la estructura es quien está obligado a declarar los detalles de la misma a las autoridades fiscales.

(ii) Cuando no hay promotor

69. Cuando no hay una persona que promueve una estructura, ésta debe ser declarada por la persona que la utiliza. Así podría suceder, por ejemplo, cuando una empresa desarrolla una estructura internamente. Es importante destacar, no obstante, que en estos casos la declaración sólo se aplica a las estructuras que realmente se han llevado a la práctica.

(iii) Cuando el promotor se acoge al secreto profesional

70. Si bien las estructuras promovidas por asesores legales recaen en el ámbito de aplicación de las normas de declaración obligatoria, la legislación existente reconoce que el secreto profesional, tal y como está reconocido en la legislación británica e irlandesa, puede impedir que el promotor facilite la información necesaria para una declaración completa.[2] En tal circunstancia, la obligación de declarar recae en el usuario de la estructura. Como alternativa, el cliente puede renunciar a su derecho al secreto profesional y, de ser así, la obligación de declarar sigue correspondiendo al promotor. El asesor legal que se acoge al secreto profesional debe informar a los clientes de su obligación de declarar y también debe comunicar a la administración tributaria que no ha cumplido con su obligación de declarar porque se ha acogido al secreto profesional.

Otras consideraciones

71. En ambas opciones habrá que definir los términos "promotor" y "asesor". Los regímenes existentes utilizan varias definiciones, que en cierta medida se solapan, y que se recogen de forma abreviada más adelante en el Anexo E.

Cuadro 2.2. **Borrador de definición de promotor**

- Un "**promotor**" se define como aquella persona que, en el curso de un negocio, es responsable del diseño, la comercialización, la organización o la gestión de una estructura o que pone esa estructura a disposición de otra persona con el fin de que ésta la lleve a la práctica. **(legislación británica e irlandesa)**
- Un **"asesor material"** se define como aquella persona que presta cualquier ayuda, asistencia o asesoramiento material con respecto a la organización, gestión, promoción, venta, implantación, aseguramiento o ejecución de cualquier operación sujeta a declaración y que, directa o indirectamente, obtiene unas rentas brutas superiores a los umbrales de 50 000 o 250 000 USD (o 10 000 o 25 000 USD) dependiendo del tipo de contribuyente y del tipo de operación sujeta a declaración. **(Legislación estadounidense)**

Cuadro 2.2. **Borrador de definición de promotor** *(continuación)*

- Un **"asesor"** es aquella persona que proporciona a otra persona cualquier protección contractual con respecto a una operación o serie de operaciones, o cualquier asistencia o asesoramiento con respecto a la creación, el desarrollo, la planificación, la organización o la ejecución de la operación o serie de operaciones. Un **"promotor"** es aquella persona que *(a)* promueve o vende un mecanismo que incluye o hace referencia a una operación o serie de operaciones; *(b)* afirma o manifiesta que un mecanismo podría tener una ventaja fiscal para fomentar la promoción o venta del mecanismo, o *(c)* acepta una contrapartida a cambio de un mecanismo de conformidad con los apartados (a) o (b). **(Legislación canadiense)**
- Un **"promotor"** se define como aquella persona que es principalmente responsable de la organización, el diseño, la venta, la financiación o la gestión de un mecanismo sujeto a declaración. **(Legislación sudafricana)**
- Los temas o principios comunes de estas definiciones independientes son los siguientes:
  - El promotor es cualquier persona responsable del diseño, la comercialización, la organización o la gestión de las ventajas fiscales de una estructura sujeta a declaración, o que participe en cualquiera de estas actividades en el marco de la prestación de servicios tributarios.
  - Esta definición puede incluir a cualquier persona que preste ayuda, asistencia o asesoramiento material acerca del diseño, la comercialización, la organización o la gestión de los aspectos fiscales de una operación, de forma que éste quede sujeta a declaración.

72. Además, como ambas opciones imponen una obligación al promotor, potencialmente existirá un efecto disuasorio en el lado de la oferta del mercado de la elusión fiscal. La ventaja de la Opción A es que puede tener un efecto disuasorio más fuerte tanto en el lado de la oferta (promotor) como en el de la demanda (usuario) de las estructuras de elusión.

73. Este enfoque también impone una obligación de declaración más extensa a los usuarios en comparación con la Opción B y puede dar lugar a varias declaraciones para una misma operación. Una doble obligación de declaración reduce el riesgo de que la declaración sea inadecuada ya que, por ejemplo, la declaración de un contribuyente puede cotejarse con la del promotor para comprobar si la información presentada es exacta y completa.

74. Sin embargo, el inconveniente de la primera opción es que es probable que provoque un aumento de costes ya que si se impone la doble obligación de declaración, las autoridades fiscales podrán exigir al contribuyente que presente un modelo para cada operación sujeta a declaración en la que haya participado. Por consiguiente, este enfoque incrementará los costes administrativos y de cumplimiento para el contribuyente, y potencialmente para la administración tributaria. A la hora de decidir quién debe declarar, conviene sopesar si este incremento de costes está o no justificado por los beneficios de la doble obligación de declaración.

75. Es probable que la opción elegida repercuta en las decisiones que realice un país en relación con otros elementos del régimen de declaración obligatoria, por ejemplo si se establece una doble obligación de declaración que requiera que contribuyente y promotor declaren, no es necesario que se utilicen números de referencia para las estructuras.

Recomendación

76. Los países que adopten normas de declaración obligatoria tendrán que decidir si introducen o no una doble obligación de declaración aplicable al promotor y al contribuyente o si introducen una obligación de declaración que recaiga principalmente en el promotor. No obstante, cuando la obligación principal de declarar recaiga en el promotor se recomienda que dicha obligación pase al contribuyente cuando:

- El promotor sea no residente;
- No haya promotor;
- El promotor se acoja al secreto profesional.

77. Los países son libres de establecer su propia definición de promotor y asesor, pero se recomienda que cualquier definición englobe los principios establecidos en el Cuadro 2.2 anterior. Asimismo, las aportaciones de las partes interesadas del país serán importantes para definir adecuadamente el concepto de promotor en una determinada jurisdicción, por ejemplo a fin de garantizar la inclusión de las personas que tengan conocimiento de una estructura fiscal y que los que prestan servicios accesorios a dicha estructura no sean considerados promotores si no tienen conocimiento de los elementos fiscales de la operación o estructura.

Qué información hay que declarar

78. Hay dos aspectos fundamentales en torno a la información que hay que declarar. El primero afecta al fondo de un régimen de declaración obligatoria y se centra en cuáles son las estructuras o los mecanismos sobre los que quiere información la administración tributaria. El segundo se plantea para las operaciones sujetas a declaración y se refiere a la información concreta que hay que presentar (es decir, nombre, número de identificación fiscal, detalles de la operación, etc.). En esta sección se describen los tipos de estructuras y mecanismos que deben ser declarados con arreglo al régimen (es decir, se define lo que es una "estructura sujeta a declaración"). El segundo aspecto se expone más detalladamente en la sección sobre cuestiones de procedimiento y administración tributaria.

Imposición de umbrales

79. En los regímenes de declaración obligatoria existentes, debe declararse toda operación que se ajuste a las definiciones o los rasgos distintivos fijados en el régimen. No obstante, algunos regímenes aplican primero un umbral mínimo o condición previa que la estructura debe cumplir antes de determinar si presenta los rasgos distintivos. Las pruebas de umbral pueden utilizarse para considerar si una operación presenta las características de una estructura de elusión o si el principal beneficio de la estructura es la consecución de una ventaja fiscal.[3]

80. Son varios los países que, como Reino Unido, Irlanda y Canadá, imponen un umbral mínimo o condición previa para la aplicación del régimen. Un umbral puede servir para filtrar y descartar declaraciones irrelevantes y, sin perjuicio de las reservas que se exponen en el párrafo 82, reducir la carga administrativa y de cumplimiento del régimen al centrarse sólo en operaciones que obedezcan a motivos fiscales, que probablemente son las que plantean los mayores riesgos de política y recaudación tributaria. Existen diferentes posturas en relación con las ventajas de realizar esta prueba en un paso versus hacerlo en varios pasos o aplicando el enfoque del umbral. Quienes abogan por el primer enfoque

sostienen que con un enfoque de un solo paso puede conseguirse un efecto similar al obtenido con el enfoque de varios pasos mediante el uso de filtros y rasgos distintivos más restrictivos o específicos, de forma que los dos enfoques podrían no ser intrínsecamente diferentes.

81. Uno de los retos en la aplicación de la condición del umbral es la determinación del umbral adecuado. El umbral mínimo que se aplica con más frecuencia consiste en una prueba de beneficio principal. Según este umbral, el mecanismo tiene que cumplir la condición de que la ventaja fiscal sea, o previsiblemente pueda ser, el beneficio principal o uno de los beneficios principales de la implantación de dicho mecanismo. Mediante esta prueba se compara el valor de la ventaja fiscal previsible con cualquier otro beneficio que sea probable obtener como consecuencia de la operación y tiene la virtud de exigir una valoración objetiva de las ventajas fiscales. Una serie de países consideran que este método es efectivo para filtrar y descartar todas las estructuras menos las más relevantes.

82. Sin embargo, la prueba del beneficio principal fija un umbral relativamente alto para la declaración y la experiencia de al menos un país indica que puede usarse indebidamente para justificar la no declaración de estructuras de elusión fiscal que resultan de interés para la administración tributaria. Este tipo de condición previa también puede dificultar el cumplimiento de las obligaciones de declaración y generar resultados inciertos para los contribuyentes.

Opciones

83. Basándonos en el análisis anterior, parece haber dos opciones:

Cuadro 2.3. **Enfoque de uno o varios pasos para definir el alcance de un régimen de declaración**

- Opción A: Países que adoptan un enfoque de un solo paso
- Opción B: Países que adoptan un enfoque de varios pasos o umbral

Opción A: Adopción de un enfoque de un solo paso

84. Como se ha señalado anteriormente, los países que han participado en este trabajo sostienen varias posturas en torno a la inclusión de una condición de umbral mínimo. Por tanto, una opción sería excluir la condición del umbral por completo y limitarse a recomendar la adopción de un enfoque de un solo paso. Entre los países que cuentan con normas de declaración obligatoria, Estados Unidos adoptó un enfoque de un solo paso en el que la ventaja fiscal nacional no tiene que ser identificada como elusión fiscal ni como beneficio principal de la operación.

85. En cambio, preocupa que un enfoque de un solo paso pueda dar lugar a un gran número de declaraciones, lo que incrementaría los costes tanto para contribuyentes como para las administraciones tributarias y también diluiría la relevancia de la información recibida. El número de declaraciones puede controlarse, no obstante, por otros medios como el establecimiento de unos rasgos distintivos más restrictivos o más estrictamente definidos o el filtrado de las declaraciones por referencia a un umbral monetario. Este parece ser el enfoque adoptado por Estados Unidos dado que el número de operaciones declaradas se calibra utilizando rasgos específicos, es decir, operaciones catalogadas

que posteriormente se limitan mediante la aplicación de filtros. Por ejemplo, el régimen estadounidense utiliza filtros monetarios para las operaciones de pérdidas y también incluye un filtro monetario en la definición de asesor material. Por lo tanto, la diferencia práctica entre los dos enfoques en términos del número de declaraciones recibidas puede ser pequeña, y la elección del enfoque puede verse afectada por el grado en que los contribuyentes comprendan o apliquen correctamente una condición de umbral, como puede ser una prueba de beneficio principal.

Opción B: Adopción de un enfoque de varios pasos o umbral

86. Los regímenes británico, irlandés, canadiense y portugués adoptan un enfoque de varios pasos y exigen que todas las estructuras cumplan una condición de umbral en el marco de su régimen de declaración obligatoria. La ventaja de un enfoque de varios pasos radica en que identifica de forma independiente los elementos de planificación fiscal de cada estructura por referencia a un criterio común y supone que los rasgos distintivos pueden centrarse en categorías de operaciones concretas (como las operaciones de arrendamiento financiero) sin necesidad de identificar y definir por separado cada elemento de la planificación fiscal. Esta flexibilidad es especialmente pertinente en el contexto de los rasgos genéricos que no identifican necesariamente una parte independiente cuya motivación es fiscal. Sin embargo, se ha admitido que una condición previa centrada en una ventaja fiscal puede resultar poco eficaz en el contexto de estructuras internacionales, por lo que aquellos países que apliquen una condición previa podrían tener que limitar su aplicación a las estructuras nacionales y adoptar un marco de un solo paso para la declaración obligatoria de las estructuras internacionales. Este tema se expone con más profundidad en el capítulo 3. Ante el temor a que los contribuyentes utilicen la condición del umbral para justificar la falta de presentación de la declaración, los países pueden reducir el umbral de declaración o eximir del umbral a determinados rasgos distintivos. Este último enfoque es el que se ha adoptado en Sudáfrica, donde se excluyen los mecanismos en los que la ventaja fiscal no es el beneficio principal o uno de los beneficios principales a menos que el mecanismo esté catalogado (esto es, se ajuste a rasgos distintivos específicos), en cuyo caso estará sujeto a declaración, con independencia de que cumpla la prueba del beneficio principal.

Filtro mínimo

87. Se podría considerar establecer un filtro mínimo como alternativa o como complemento a una prueba de umbral más amplia ya que serviría para que las operaciones de menor tamaño, por debajo de un determinado importe, quedaran al margen de las obligaciones de declaración. Así se reduciría el ámbito del régimen de declaración obligatoria y se mitigaría el riesgo de una excesiva presentación de declaraciones. También se mejoraría la utilidad de la información recopilada porque se centraría la atención en las operaciones más significativas, reduciéndose así las declaraciones excesivas o defensivas. De este modo, disminuirían los costes y la carga administrativa para determinados contribuyentes y para la administración tributaria.

88. Además, el filtro mínimo podría aplicarse a todas las operaciones potencialmente comprendidas en el ámbito de aplicación o sólo a determinadas categorías de operaciones cuando, en otro caso, podría existir un gran número de operaciones sujetas a declaración. También sería posible aplicar distintos umbrales a los rasgos específicos para calibrar las declaraciones en un área concreta, enfoque que ya han adoptado algunos países. Por ejemplo, en el régimen estadounidense, las operaciones de pérdidas sujetas a declaración tienen su propio umbral en dólares. Los umbrales oscilan entre 50 000 USD y 10 millones de USD, dependiendo del contribuyente y del tipo de operación de pérdidas.

89. Sin embargo, sería preciso estudiar a qué elemento ha de aplicarse el filtro mínimo, es decir, ¿debería aplicarse a la cuantía de la ventaja fiscal o al valor de la operación? Otra cuestión delicada consiste en que el filtro, si su redacción no está formulada cuidadosamente, pudiera servir para eludir la obligación de declaración y añadir más complejidad a la hora de aplicar las normas. Por otra parte, la inclusión de un filtro mínimo podría transmitir el mensaje contraproducente de que la elusión fiscal, en pequeñas cuantías, es aceptable y de hecho podría haber poca o ninguna correlación entre el tamaño de una operación y su interés relativo para la administración tributaria. Por ejemplo, una operación nueva o innovadora podría "probarse" inicialmente a pequeña escala y, si no se declara hasta que se produce a mayor escala, entonces un límite mínimo simplemente demoraría el momento en que la administración tributaria recibe la información y puede intervenir contra la estructura. Además, la naturaleza de la operación podría despejar cualquier temor acerca de que la operación fuera de escaso volumen o relevancia, tal como podría suceder si los regímenes de declaración obligatoria incluyeran las operaciones internacionales.

90. Sobre la base del análisis anterior, se concluyó que la prueba del mínimo no sería fácilmente conciliable con una condición previa basada en una prueba del beneficio principal dado que, en esta situación, el régimen se centra ya en operaciones diseñadas para generar una ventaja fiscal, por lo que no es necesario otro filtro. A pesar de ello, un filtro mínimo podría ser más fácil de aplicar y tener un impacto más claro si se utiliza junto con un rasgo específico como en el caso estadounidense. El nivel de cualquier umbral quedaría entonces a discreción de cada administración tributaria y podría ayudar a reducir el nivel de declaraciones bajo un rasgo específico, si se espera que haya muchas.

Rasgos distintivos

91. Los rasgos son instrumentos para identificar las características de estructuras de planificación fiscal agresiva y se dividen, en general, en dos categorías: rasgos genéricos y específicos. Los rasgos genéricos se centran en características que son frecuentes en las estructuras promovidas, como el requisito de confidencialidad o el pago de una comisión muy elevada. Los rasgos genéricos también pueden utilizarse para detectar mecanismos de planificación fiscal nuevos e innovadores que puedan ser fácilmente replicados y vendidos a diversos contribuyentes. Los rasgos específicos se utilizan para centrarse en vulnerabilidades conocidas del sistema tributario y técnicas que se utilizan frecuentemente en mecanismos de elusión fiscal, como el uso de pérdidas.

Breve descripción de los rasgos genéricos

92. Habitualmente se utilizan dos rasgos genéricos para centrarse en los mecanismos promovidos, que son:

- Rasgos distintivos de "confidencialidad", por los que el promotor o asesor exige al cliente mantener la confidencialidad de la estructura; y
- Rasgos distintivos de "comisión muy elevada" o "comisión contingente", en los que el importe que paga el cliente por el asesoramiento puede atribuirse al valor de las ventajas fiscales obtenidas a través de la estructura.

93. Otros rasgos distintivos que se utilizan con menor frecuencia son la "protección contractual", por la que las partes acuerdan asignar el riesgo de que no se alcancen las consecuencias fiscales de la estructura, y el "producto fiscal normalizado", concebido para plasmar estructuras ampliamente comercializadas.

Confidencialidad

94. Una estructura confidencial es aquella que se ofrece a los clientes del asesor en condiciones de confidencialidad. La obligación de confidencialidad vincula al cliente frente al promotor (y no al promotor frente al cliente). El promotor podría, por ejemplo, limitar la divulgación del sistema o la estructura fiscal por parte del contribuyente. Esta limitación de divulgación busca proteger el valor de la estructura diseñada por el promotor.

95. Una condición de confidencialidad indica que un promotor o una empresa desea mantener la confidencialidad de las estructuras o los mecanismos ante otros promotores o ante las autoridades fiscales. Esto implica que los mecanismos pueden ser innovadores o agresivos. Una condición de confidencialidad permite a un promotor o una empresa vender la misma estructura a una serie de contribuyentes diferentes.

96. El uso de una cláusula de confidencialidad en un mecanismo puede significar que concurre el rasgo distintivo. Sin embargo, aunque algunos promotores utilicen dicha cláusula o condición, las autoridades fiscales podrían aceptar que no se cumple el rasgo de la confidencialidad si el mecanismo es razonablemente bien conocido en la comunidad fiscal. Este es el enfoque del Reino Unido.

Comisión muy elevada o contingente

97. La cláusula de "comisión muy elevada" también es uno de los rasgos distintivos genéricos más comunes. Podemos encontrar versiones de este tipo de rasgos en los regímenes del Reino Unido, Estados Unidos, Irlanda y Canadá. Está diseñado para captar las estructuras que se han vendido sobre la base de las ventajas fiscales que se devengan a expensas de ellas. Los regímenes británico, irlandés y canadiense se centran tanto en las "comisiones muy elevadas" como en las comisiones que son contingentes a las ventajas fiscales derivadas de la estructura (de ahí, comisiones contingentes).

98. En virtud de la normativa británica, el rasgo distintivo denominado "comisión muy elevada" trata de aprehender los mecanismos por los que un promotor podría obtener una mayor comisión (muy elevada). Una comisión muy elevada es una comisión que es atribuible, en gran medida, a la ventaja fiscal o que está condicionada, en cualquier medida, a la obtención de una ventaja fiscal. La idea en que se basa una comisión muy elevada es que debe abonarse un importe que es atribuible tanto al valor del asesoramiento fiscal como al hecho de que no está disponible en ningún otro sitio. No obstante, si las consecuencias del mecanismo se entendieran y conocieran ampliamente, el cliente no estaría dispuesto a pagar más que una comisión normal.

99. Aunque el rasgo distintivo de la comisión en Estados Unidos se denomina "protección contractual", es similar al rasgo distintivo de la comisión contingente porque abarca la situación en la que un contribuyente o una parte vinculada tiene derecho a un reembolso total o parcial de las comisiones si no se alcanzan las consecuencias fiscales pretendidas, y se aplica si las comisiones están condicionadas a la obtención por parte del contribuyente de las ventajas fiscales resultantes de la estructura.

100. Algunos países han sugerido que, en determinadas circunstancias, una comisión muy elevada puede ser sustituida por un cobro mayor que se incorpora a la propia operación (en lugar de una comisión independiente por el asesoramiento legal o fiscal) y que este concepto debería ser recogido en la definición de comisión muy elevada. No obstante, otros países consideran que la definición de comisión muy elevada debería ser lo suficientemente amplia como para recoger este tipo de cobros mientras que son pocos los que han sugerido que una definición amplia podría plantear dificultades de cumplimiento y que sería más

fácil centrarse en este tipo de estructuras con otro tipo de rasgos distintivos. Los países querrán estudiar estas consideraciones sobre la definición y el cumplimiento a la hora de definir las comisiones muy elevadas.

Protección contractual

101. La cláusula de protección contractual se utiliza como rasgo distintivo genérico en Canadá y Portugal. En Canadá, la protección contractual significa *(a)* cualquier forma de seguro (distinta de una póliza de seguro de responsabilidad profesional normal) u otra protección como una indemnización o compensación que *(i)* proteja frente al hecho de que la operación no genere una parte de la ventaja fiscal pretendida con la operación, o *(ii)* compense o reembolse cualquier gasto, tasa, impuesto, interés, sanción o suma similar que pueda incurrirse en el curso de una controversia en relación con una ventaja fiscal derivada de la operación; y *(b)* cualquier forma de compromiso ofrecido por un promotor que preste asistencia al contribuyente en el curso de una controversia en relación con la ventaja fiscal resultante de la operación.

102. En Portugal, hay un rasgo genérico que se utiliza para determinar si una operación queda englobada en el ámbito de la norma de declaración obligatoria. Este rasgo distintivo comprende las operaciones que incluyen una cláusula que rechaza o limita la responsabilidad del promotor.

Productos fiscales normalizados

103. Este rasgo distintivo está concebido para captar lo que a menudo se denominan "estructuras de amplia comercialización' y se utiliza como rasgo genérico en los regímenes del Reino Unido e Irlanda. Una "estructura de amplia comercialización" es un mecanismo que se pone a disposición de más de una persona y que utiliza documentación normalizada que no está adaptada, en ninguna medida, a las circunstancias del cliente.

104. Las características fundamentales de dichas estructuras son su facilidad de réplica. Estas estructuras susceptibles de ser replicadas han sido descritas de varias maneras como estructuras "empaquetadas" o de "enchufar y usar". Esencialmente, todo lo que el cliente compra es un producto fiscal que requiere poca, por no decir ninguna, modificación para adaptarlo a sus circunstancias. La adopción de la estructura no requiere que el contribuyente perciba un asesoramiento o servicios profesionales significativos.

105. Corea ha establecido un rasgo distintivo similar al rasgo de producto fiscal normalizado. El régimen de declaración obligatoria coreano se centra en los productos "financieros" normalizados que generan una ventaja fiscal. Un producto financiero-fiscal suele ser un producto de comercialización masiva y mediante el cual un gran número de usuarios participa en un mecanismo contractual sustancialmente idéntico. Estos productos suelen responder a una motivación fiscal, por lo que es muy improbable que el producto financiero se vendiera si no ofreciera esa ventaja fiscal. Por este motivo, el régimen de declaración obligatoria coreano exige a las entidades financieras que diseñen productos financieros con ventajas fiscales, como exenciones o tipos reducidos de retención, que declaren el producto a las autoridades fiscales antes de venderlo a los inversores en el mercado financiero.

Modelo de rasgos distintivos genéricos

106. La mayoría de los países están de acuerdo en que un régimen de declaración obligatoria debe incluir una combinación de rasgos distintivos genéricos y específicos, y en que una operación debe ser declarada desde el momento en que presente uno de esos rasgos. En los siguientes cuadros se recogen algunos de los rasgos genéricos incluidos en los regímenes de declaración obligatoria existentes y se combinan con algunos de los principios comunes que podrían utilizarse para elaborar un "modelo" de rasgos genéricos. Los países que deseen introducir normas de declaración obligatoria podrían utilizar este modelo de rasgos como base para los rasgos genéricos, revisándolo y adaptándolo a fin de ajustarlo a la legislación nacional.

107. Es importante destacar que la mayoría de los rasgos genéricos (con la excepción de los estadounidenses) están supeditados a un requisito de umbral mínimo, en virtud del cual se determina si la operación presenta las características de una estructura de elusión fiscal o si el beneficio principal de la estructura es obtener una ventaja fiscal. Por consiguiente, cabe que sea necesario examinar con mayor profundidad si dichos rasgos distintivos funcionarían con igual eficacia en caso de no existir tal umbral, o si sería necesario introducir cambios para limitar adecuadamente el número de declaraciones generadas.[4]

Confidencialidad

108. El rasgo de confidencialidad se utiliza en cuatro regímenes de declaración obligatoria (Reino Unido, Estados Unidos, Canadá e Irlanda) y, dado su potencial para captar estrategias de planificación fiscal nuevas o innovadoras, parece ser un rasgo distintivo clave. El Reino Unido e Irlanda utilizan una versión hipotética de este rasgo, que se expone más adelante.

Cuadro 2.4. **Rasgos de confidencialidad**

- Una **operación confidencial** es una operación que se ofrece a un contribuyente con sujeción a una condición de confidencialidad y en la que el asesor percibe una comisión mínima. La cuantía de la comisión es de 250 000 USD si el contribuyente es una sociedad y de 50 000 USD en todos los demás casos. Se considera que una operación se ofrece con una condición de confidencialidad cuando el asesor que percibe una comisión mínima impone una limitación a la divulgación por parte del contribuyente del tratamiento o la estructura fiscal de la operación a cualquier persona y la limitación de divulgación protege la confidencialidad de las estrategias fiscales del asesor. La operación recibe un tratamiento confidencial aunque las condiciones de confidencialidad no sean legalmente vinculantes para el contribuyente. La afirmación de que una operación es privativa o exclusiva no se considerará una limitación de la divulgación si el asesor confirma al contribuyente que no existen limitaciones a la divulgación del tratamiento o la estructura fiscal de la operación. **(Legislación estadounidense)**
- Por **protección de la confidencialidad** se entenderá todo cuanto prohíba divulgar, a cualquier persona, los detalles o la estructura de la operación o serie de operaciones de la que se deriva la ventaja fiscal. **(Legislación canadiense)**
- Son **mecanismos confidenciales** aquellos en los que cabe razonablemente esperar que el promotor desee mantener la confidencialidad del modo en que un elemento de dichos mecanismos obtiene o puede obtener una ventaja fiscal ante cualquier otro promotor o autoridad tributaria. Dichos mecanismos presentarán el rasgo distintivo cuando uno de los motivos para mantener la confidencialidad de cualquiera de sus elementos consista en facilitar en el futuro el uso reiterado o continuado del mismo elemento o sustancialmente el mismo elemento. **(Legislación británica e irlandesa)**

Cuadro 2.4. **Rasgos de confidencialidad** *(continuación)*

- Los temas o principios comunes de estos rasgos distintivos son al parecer los siguientes:
  - La estructura o el mecanismo se ofrece al contribuyente en condiciones de confidencialidad.
  - Esto impone una limitación que impide al contribuyente divulgar el tratamiento fiscal, la estructura fiscal de la operación o la ventaja fiscal resultante.
  - Esta limitación protege las estrategias del asesor fiscal y puede permitir el uso futuro de esa misma estructura o mecanismo.

Comisión muy elevada o contingente

109. En los regímenes del Reino Unido, Estados Unidos, Irlanda y Canadá se encuentran rasgos referentes a las comisiones muy elevadas o contingentes. Aunque un rasgo referente a una comisión muy elevada es ligeramente diferente al rasgo de protección contractual utilizado en Canadá y Portugal, existen algunas similitudes ya que ambos se fijan en los resultados previstos de la operación y en si se consiguen o no. Puede, por tanto, que no sea necesario incluir ambos rasgos (comisión muy elevada y protección contractual) en un régimen de declaración obligatoria. Como se ha expuesto anteriormente, es posible que la comisión muy elevada no sea un cobro independiente sino que esté incluida en el coste de la propia operación.

Cuadro 2.5. **Rasgos referentes a comisiones elevadas/contingentes**

- **Una operación que presente un rasgo de comisión contingente** (con ciertas excepciones) es una operación en la que el contribuyente tiene derecho al reembolso total o parcial de la comisión si no se logra la totalidad o parte de las consecuencias fiscales pretendidas con la operación. También incluye toda operación cuya comisión esté supeditada a la obtención, por parte del contribuyente, de las ventajas fiscales de la operación. **(Legislación estadounidense – se describe como "protección contractual")**
- **Una comisión muy elevada** es una comisión aplicable en virtud de cualquier elemento de un mecanismo del que se espera obtener una ventaja fiscal; y que *(a)* es, en gran parte, atribuible a dicha ventaja fiscal, o *(b)* está, de cualquier modo, condicionada a la obtención de la dicha ventaja fiscal. **(Legislación británica e irlandesa)**
- Una **comisión orientada a resultados fiscales** es una comisión que un asesor o promotor tiene derecho a percibir por una operación de elusión y que *(a)* está basada en la cuantía de la ventaja fiscal conseguida con la operación; *(b)* está supeditada a la obtención de una ventaja fiscal con la operación; o *(c)* es atribuible al número de contribuyentes que participan en la operación o que han tenido acceso al asesoramiento del asesor o promotor. **(Legislación canadiense)**
- Los principios comunes de estos rasgos distintivos son:
  - La comisión que paga el contribuyente por la estructura u operación se basa directamente en la ventaja que se espera recibir o está vinculada a la cuantía de la misma.
  - Si no se alcanza el resultado fiscal previsto, el monto de la comisión que pagaría el contribuyente se vería afectado.

Aplicación hipotética de rasgos genéricos

110. En los regímenes británico e irlandeses, los rasgos de confidencialidad y comisión muy elevada se centran no sólo en las estructuras que se venden a clientes a cambio de una comisión muy elevada, sino también en las estructuras que podrían ser vendidas por un promotor a cambio de una comisión muy elevada. El alcance del rasgo se amplía de este modo formulando una pregunta hipotética:

- "¿Cabe esperar razonablemente que cualquier promotor de los mecanismos desearía mantener confidencial frente a cualquier otro promotor de modo que un elemento de esos mecanismos dé lugar a una ventaja fiscal?" (Confidencialidad)
- "¿Cabe esperar razonablemente que un promotor pudiera obtener una comisión muy elevada de una persona con experiencia en la recepción de servicios del tipo que se están prestando?" (Comisión muy elevada)

111. A efectos de la aplicación de las pruebas hipotéticas, concurrirá el rasgo de confidencialidad si una estructura es lo suficientemente novedosa e innovadora como para que un asesor que la hubiera diseñado exigiera mantener la confidencialidad de los detalles de la estructura con independencia de la existencia de condiciones reales de confidencialidad. El uso de un acuerdo de confidencialidad expreso podría indicar que se cumple esta prueba. Sin embargo, aun cuando exista una cláusula de confidencialidad, cabe que se desprenda claramente de las publicaciones, manuales o jurisprudencia en materia tributaria que la estructura es bien conocida en la comunidad fiscal. En el Reino Unido, entre los factores que deben analizarse hay que citar los siguientes:[5]

- Carácter novedoso, innovador y agresivo de la estructura. Las estructuras conocidas por la administración tributaria no están comprendidas en el rasgo de confidencialidad. Puede acreditarse que una estructura es conocida mediante, por ejemplo, notas de orientación técnica, jurisprudencia o correspondencia mantenida en el pasado con la administración tributaria.
- Que un promotor imponga, verbalmente o por escrito, a los clientes potenciales la obligación de mantener la confidencialidad de los detalles de la estructura frente a terceros, incluida la administración tributaria.
- Que los acuerdos de confidencialidad celebrados entre un promotor y un cliente permitan a éste comunicar información a la administración tributaria sin consultar al promotor.
- La inclusión de advertencias expresas en la documentación de marketing u otras comunicaciones al cliente en el sentido de que la estructura puede tener un período de validez limitado, puesto que, una vez conocida, puede ser suprimida por modificaciones legislativas.

112. A efectos de la versión hipotética de la prueba de la comisión muy elevada, es importante observar qué valor tiene la estructura desde la perspectiva del cliente. Cuando un cliente considera que el asesoramiento es valioso y que no puede conseguirse fácilmente, puede estar dispuesto a pagar una alta comisión por el servicio. El hecho de que el asesor no cargue una comisión muy elevada por el asesoramiento no es concluyente. En cambio, si existieran otras ofertas de asesoramiento similares, se presupone que el cliente no habría estado dispuesto a pagar más que una comisión normal por el servicio. Por lo tanto, la cuestión es si cabe esperar razonablemente que un promotor pueda cargar una comisión muy elevada si así lo desea. Al mismo tiempo, es necesario examinar también si es posible cargar una comisión por un elemento del mecanismo fiscal, de forma que sea

atribuible, en gran medida, a dicha ventaja fiscal o esté supeditada a ella. Por ejemplo, en el Reino Unido no se considera que una comisión es muy elevada únicamente por factores como los siguientes:[6]

- La ubicación del asesor – por ejemplo, cabe esperar que las comisiones sean superiores en Londres.
- La urgencia del asesoramiento – una comisión que es superior porque el asesor ha de prestar urgentemente el asesoramiento no se considera muy elevada por ese solo motivo.
- El volumen de la operación – si una operación presenta un gran volumen, es posible que el asesor fiscal desee incrementar su comisión en virtud del mayor grado de exposición.
- La competencia o prestigio del asesor – algunos asesores aplican habitualmente comisiones superiores a las cargadas por otros, como consecuencia de la teórica mayor calidad del asesoramiento que ofrecen.
- La escasez de profesionales adecuadamente capacitados – algunas áreas de asesoramiento fiscal son más complejas, por lo que las comisiones pueden ser superiores.

113. El uso de las pruebas hipotéticas puede ampliar el alcance de los rasgos genéricos y puede impedir que se eludan rasgos distintivos formulados de una forma más objetiva. Las pruebas hipotéticas también pueden ser útiles para captar estructuras de planificación fiscal que están específicamente diseñadas para un contribuyente u operación particulares (operaciones a medida).

114. Por otra parte, los rasgos genéricos utilizados en Estados Unidos, Canadá y Portugal carecen de pruebas hipotéticas, por lo que aportan mayor certeza dado que la obligación de declaración puede evaluarse en función de la existencia de un acuerdo real de confidencialidad o comisión muy elevada. Esta pregunta objetiva sobre los acuerdos reales entre asesor y cliente pueden ser una prueba más fácil de aplicar para el contribuyente y el asesor que la pregunta hipotética formulada en Reino Unido e Irlanda. También puede ser más fácil para una administración tributaria aplicar una prueba objetiva en lugar de dedicar tiempo a valorar si deben o no declararse las operaciones.

Opciones

115. Pese a que la mayoría de los países que han participado en este trabajo expresaron su preferencia por los rasgos objetivos, varios pensaban que las pruebas subjetivas desempeñan un papel a la hora de prevenir la elusión de las normas sobre declaración. Así pues, se incluyen tanto pruebas objetivas como subjetivas como opción. Sin embargo, las administraciones tributarias deberán examinar la viabilidad de pruebas hipotéticas o subjetivas en el marco de sus propios sistemas tributarios nacionales.

Cuadro 2.6. **Opciones para el diseño de rasgos genéricos**

- Opción A: Adopción de rasgos hipotéticos/subjetivos
- Opción B: Adopción de rasgos objetivos

Opción A: Adopción de rasgos hipotéticos/subjetivos

116. Cabe que los países que consideran beneficiosas las pruebas hipotéticas y que creen que las potenciales incertidumbres y las cargas administrativas adicionales se contrarrestan con creces con la mejora en las declaraciones, deseen analizar un enfoque similar al adoptado por el Reino Unido e Irlanda. Ahora bien, habría que analizar cómo funcionaría este tipo de enfoque en el contexto de su propia legislación nacional y dentro del ámbito de su marco de cumplimiento fiscal.

Opción B: Adopción de rasgos objetivos

117. Los países que no estén tan preocupados por la elusión de las normas de declaración, y los principales aspectos de diseño que busca su administración tributaria son una mayor certeza y facilidad de funcionamiento, puede que los rasgos objetivos sean más adecuados.

Rasgos distintivos específicos

118. Los rasgos genéricos, como la confidencialidad y los productos fiscales normalizados, pueden centrarse en las estructuras que los promotores replican y venden a varios clientes. Así, pueden obtener información sobre operaciones predecibles y extensamente comercializadas además de las que son nuevas e innovadoras. Por el contrario, los rasgos específicos reflejan las preocupaciones concretas o actuales de las autoridades fiscales, por lo que pueden abordar áreas en que se percibe mayor riesgo, como en el uso de pérdidas, los arrendamientos financieros y las estructuras de transformación de rentas. Los rasgos específicos también pueden ser una forma útil de mantener al día un régimen de declaración. Algunos países, como Sudáfrica, han comprobado que los rasgos específicos pueden ser más efectivos para recabar información que los genéricos. Por eso, los distintos países pueden beneficiarse de diferentes combinaciones de rasgos distintivos.

119. Con los rasgos específicos, la obligación de declaración parte de la descripción de ciertas operaciones potencialmente agresivas o abusivas y de su inclusión como rasgo distintivo. Aunque los rasgos específicos están diseñados para centrarse en operaciones concretas, o elementos concretos de una operación, deben redactarse de forma amplia y evitar entrar en demasiados detalles técnicos. Los rasgos formulados de forma muy circunscrita o técnica pueden llevar a los contribuyentes a una interpretación restrictiva u ofrecer oportunidades de que los contribuyentes y promotores creen estructuras en torno a sus obligaciones de declaración. Dado que la Acción 12 hace referencia a un diseño modular y que los riesgos serán diferentes en cada país, se trata de un área en la que los países necesitan máxima flexibilidad para diseñar sus propios rasgos específicos. A continuación se ofrecen ejemplos de rasgos específicos utilizados en los regímenes existentes.

Estructura de pérdidas (Estados Unidos, Reino Unido, Canadá, Irlanda y Portugal)

120. El objetivo de este rasgo es captar las distintas estructuras de creación de pérdidas. Los detalles de las estructuras pueden variar considerablemente, aunque éstas suelen estar diseñadas para proporcionar a todos o algunos de los participantes pérdidas que se utilizarán para reducir su base imponible a efectos del impuesto sobre beneficios o plusvalías o para generar una devolución de impuestos. Por ejemplo, el régimen de refugio fiscal[7] canadiense incluye la adquisición de bienes o un mecanismo de donación en los que se constate que las pérdidas, deducciones o créditos de los primeros cuatro años serían iguales o superiores al coste neto del bien en el que se ha invertido o adquirido a tenor del

mecanismo de donación. En el Reino Unido, Irlanda y Estados Unidos también se pueden encontrar versiones de rasgos específicos referentes a las operaciones de pérdidas.

121. Este tipo de rasgo podría combinarse con un umbral aplicado sobre el importe de la pérdida. Por ejemplo, en Estados Unidos, una operación de pérdidas es una operación que da lugar a que un contribuyente alegue una pérdida equivalente o superior a un umbral que va de 50 000 USD a 10 millones de USD en cualquier ejercicio fiscal, dependiendo del tipo de contribuyente y operación.

Arrendamientos financieros (Reino Unido)

122. El objetivo de estos rasgos es captar las ventajas fiscales obtenidas en operaciones de arrendamiento financiero. El rasgo sólo se aplica si el mecanismo supone el arrendamiento de plantas o equipos de alto valor. Esta prueba detecta los mecanismos para el arrendamiento financiero de activos con un valor individual de 10 millones de GBP o un valor agregado de al menos 25 millones de GBP. El rasgo sólo se aplica cuando el plazo del arrendamiento es superior a dos años. Además, es preciso que concurra alguna de las tres condiciones adicionales siguientes: *(i)* en el mecanismo de arrendamiento interviene una parte no sujeta al impuesto sobre beneficios; *(ii)* el mecanismo de arrendamiento elimina, total o principalmente, el riesgo del arrendador; *(iii)* el mecanismo de arrendamiento conlleva una venta y posterior arrendamiento financiero.

Estructuras vinculadas al empleo (Irlanda)

123. Este rasgo específico se centra en las estructuras vinculadas al empleo que se sirven de vehículos como trusts o planes de prestaciones para empleados que de algún modo pretenden eludir las disposiciones de prevención de la transformación de salarios en prestaciones con un tratamiento fiscal más favorable.

Estructuras de transformación de rentas (Irlanda, Portugal)

124. Este rasgo aborda las estructuras que transforman las rentas en capital o donaciones con el fin de evitar un tipo impositivo mayor y tributar por la ganancia a un tipo menor o acogerse a una deducción o exención de impuestos en el caso de Irlanda.

125. En Portugal, este rasgo cubre las operaciones financieras o de seguro que pueden dar lugar a una reclasificación de las rentas o a un cambio en sus beneficiarios y, en particular, se centra en los arrendamientos financieros, las operaciones con instrumentos híbridos, derivados o contratos sobre instrumentos financieros. Existe cierto solapamiento con el rasgo británico (mecanismos de arrendamiento financiero) en lo referente a los arrendamientos financieros.

Estructuras en las que participan entidades no residentes (Portugal)

126. Este rasgo trata de captar las estructuras en las que participan entidades no residentes, concretamente las que residen en jurisdicciones de baja fiscalidad. El término "jurisdicción de baja fiscalidad" incluye a toda entidad residente en un país catalogado como paraíso fiscal, toda entidad residente en un país donde no se aplique un impuesto sobre beneficios a las empresas o donde el impuesto a pagar sea inferior al 60% del impuesto sobre beneficios normal aplicable o en la que participe una entidad que se beneficie, total o parcialmente, de una exención fiscal.

Mecanismos en los que se utilizan instrumentos híbridos (Sudáfrica)

127. Este rasgo abarca cualquier mecanismo que hubiera cumplido los requisitos para ser considerado un "instrumento de capital híbrido" en el sentido de la legislación tributaria pertinente. Se trata esencialmente de operaciones que afectan a acciones preferenciales reembolsables y acciones normales cuyos derechos aparejados difieren de los derechos que habitualmente llevan aparejados las acciones ordinarias. Este rasgo también se centra en cualquier mecanismo que hubiera reunido los requisitos para ser considerado un "instrumento de deuda híbrido" en el sentido de la legislación tributaria pertinente, si el plazo señalado en dicho artículo hubiera sido diez años. Se dirige principalmente a mecanismos de préstamos/ obligaciones convertibles (dejando al margen los instrumentos de deuda cotizados).

Operaciones con importantes diferencias de valoración fiscal-contable (Estados Unidos)

128. Antes, en Estados Unidos, estas operaciones constituían una categoría de operación sujeta a declaración. Abarcaban las operaciones con una diferencia fiscal-contable (es decir, con una diferencia entre la valoración a efectos fiscales y a efectos contables) de 10 millones de USD. Las autoridades fiscales (IRS) y el Departamento del Tesoro determinaron posteriormente que incluir las operaciones con importantes diferencias de valoración fiscal-contable como operaciones sujetas a declaración no era necesario tras la emisión del Anexo M-3, "Conciliación del resultado neto en empresas con un patrimonio total igual o superior a 10 millones de dólares estadounidenses",[8] que proporciona al IRS información detallada de las operaciones con importantes diferencias de valoración fiscal-contable.

Operaciones catalogadas (Estados Unidos)

129. Estados Unidos exige que se declare cualquier "operación catalogada" de conformidad con sus normas de operaciones sujetas a declaración. Una operación catalogada es una operación que es igual o sustancialmente similar a cualquiera de las que el IRS ha determinado que constituyen a operaciones de elusión fiscal y ha identificado mediante comunicado del IRS o cualquier otra forma de directriz publicada.

Operaciones de interés (Estados Unidos)

130. Estados Unidos exige que se declare cualquier "operación de interés" (OI) de conformidad con sus normas sobre las operaciones sujetas a declaración. Una OI es una operación que el IRS y el Departamento del Tesoro estadounidense consideran como una elusión o evasión de impuestos potencial, pero sobre la que no tienen suficiente información como para determinar si la operación debería ser identificada de forma específica como operación de elusión fiscal.

Modelo de rasgos para operaciones de pérdidas

131. Las pérdidas son un área común de preocupación; los detalles de las estructuras que conllevan pérdidas pueden variar considerablemente, aunque éstas suelen estar diseñadas para proporcionar a personas acaudaladas o a empresas pérdidas de explotación que pueden compensar con la cuota del impuesto sobre las rentas o los beneficios (y también sobre las plusvalías). Dada la variedad de estructuras de pérdidas, y reconociendo que los países necesitan la máxima flexibilidad en la formulación de rasgos específicos, puede que no resulte tan útil establecer principios comunes en este contexto. A pesar de todo, en el siguiente cuadro se incluyen algunos principios, así como un resumen de las disposiciones legislativas existentes.

Cuadro 2.7. **Rasgos de las operaciones de pérdidas**

- Una operación de pérdidas es una operación que permite a un contribuyente reclamar una pérdida si el importe de la pérdida supera una suma determinada dependiendo del tipo de contribuyente. **(Legislación estadounidense)**
- Se considera que existe una operación de pérdidas si *(a)* el promotor espera que más de una persona lleve a la práctica una misma operación, o sustancialmente similar; y *(b)* la operación presenta tales características que cabe razonablemente concluir que su beneficio principal es ofrecer pérdidas, siendo previsible que esas personas utilicen dichas pérdidas para reducir su cuota del impuesto sobre la renta. (**Legislación británica** – este rasgo pretende captar las estructuras de pérdidas que suelen utilizar las personas con grandes fortunas)
- Se considera operación de pérdidas aquella en la que una de las partes de la estructura es una sociedad que tiene o espera tener pérdidas continuas al cierre de un periodo contable y sobre la que pueda ser razonable concluir que *(a)* el beneficio principal de la estructura es que la sociedad transfiera esas pérdidas a otra parte de la que habría de esperar que las utilizara para reducir su cuota del impuesto sobre beneficios, o *(b)* la sociedad puede acelerar el uso de esas pérdidas para reducir su cuota del impuesto sobre beneficios. (**Legislación irlandesa** – el rasgo se amplía para incluir las pérdidas de sociedades)
- A excepción de Estados Unidos, que se centra exclusivamente en la cuantía de las pérdidas, los principios comunes son, al parecer, que una persona soporta o adquiere pérdidas, que:
  - se transfieren a otra persona para compensarlas con otros beneficios y reducir sus obligaciones tributarias;
  - se anticipan para reducir las obligaciones tributarias corrientes de una persona;
  - forman parte de una estructura u operación promovida para reducir los impuestos a pagar por el resto de sus rentas y que es utilizada por varias personas.

Recomendaciones sobre rasgos distintivos

132. Los rasgos genéricos pueden incrementar el número de operaciones sujetas a declaración, lo que podría aumentar los costes para los contribuyentes pero, como ya se ha mencionado, son una herramienta útil para captar operaciones nuevas e innovadoras que difícilmente quedan recogidas con los rasgos específicos. El uso de rasgos genéricos como la comisión muy elevada, la confidencialidad y la protección contractual parece ser, por tanto, clave a la hora de permitir a las administraciones tributarias detectar y reaccionar con rapidez ante las nuevas estructuras. Exigir la declaración de estos tipos de operaciones también puede provocar una reducción de estas operaciones en el mercado.

133. Los rasgos específicos o las operaciones catalogadas permiten a las administraciones tributarias centrarse en áreas de riesgo conocidas o comunes. También parece que ofrecen flexibilidad al permitir a las administraciones tributarias conseguir un equilibrio entre los costes y la capacidad de la administración tributaria y la carga que supone la declaración para los promotores y contribuyentes. Algunos países, como Sudáfrica, han comprobado que los rasgos específicos pueden ser más efectivos para recabar información que los genéricos. Por eso, los distintos países pueden beneficiarse de diferentes combinaciones de rasgos distintivos.

134. Los rasgos específicos también pueden ser una forma útil de mantener al día un régimen de declaración y abordar la elusión de impuestos menos habituales. Como puede

verse con los rasgos específicos existentes, aunque existe cierto grado de solapamiento, estos rasgos suelen reflejar las principales áreas de riesgo de una jurisdicción determinada.

Recomendaciones

135. Cuando los países introduzcan un régimen de declaración obligatoria, tienen la opción de utilizar un enfoque de un solo paso o un enfoque de varios pasos/umbral. No obstante, se recomienda que los regímenes de declaración obligatoria incluyan una combinación de rasgos genéricos y específicos. Los rasgos genéricos deberían incluir un rasgo de confidencialidad y comisión muy elevada/condicionada. Puede que un país también quiera adoptar rasgos específicos como el que se refiere a los productos fiscales normalizados.

136. Los países pueden elegir si adoptan o no un enfoque hipotético o si adoptan pruebas objetivas basadas en datos ciertos. Los rasgos específicos deberían reflejar los riesgos y aspectos concretos de cada país. El diseño y la selección de rasgos específicos debería dejarse a consideración de cada país teniendo en cuenta sus propias prioridades en materia de política y cumplimiento tributarios. Los países tienen libertad para decidir si deben o no vincular los rasgos específicos a un importe mínimo para limitar el número de declaraciones.

137. Se recomienda que, cuando una estructura o una operación active un rasgo distintivo, ese mero hecho baste para exigir la declaración.

Cuándo se declara la información

138. Existen diferencias notables en el momento en que exigen declarar las estructuras los distintos países. El momento depende del hecho que origina la declaración y del plazo de declaración establecido en el régimen. Dicho plazo puede ser de días, meses o periodos más largos.

139. Si los objetivos principales de un régimen de declaración son proporcionar cuanto antes información sobre las estructuras de elusión y sus usuarios y disuadir del uso de las mismas, el plazo de tiempo fijado para la declaración será importante para alcanzar estos objetivos, ya que cuanto antes se declare, antes podrá actuar la administración tributaria contra esa estructura. Esto puede acentuar los efectos disuasorios al reducir el plazo de tiempo en que se puede aprovechar cualquier ventaja fiscal, alterando así los efectos económicos de la operación.

140. Existen varias cuestiones que hay que considerar a la hora de fijar los plazos de la declaración, y las respuestas a estas cuestiones incidirán en la puntualidad de la declaración y podrá repercutir en la capacidad del régimen de declaración para alcanzar algunos de sus objetivos. Estas cuestiones son:

- ¿En qué momento debe comenzar la obligación de declarar o, en otras palabras, qué hecho o acción marca el inicio de la necesidad de declarar?
- ¿En qué plazo, a contar desde ese hecho, debe presentarse la declaración?
- ¿Debe haber plazos de declaración diferentes para promotores y contribuyentes?

Opciones para el plazo de declaración del promotor

Cuadro 2.8. **Opciones para el plazo de declaración del promotor**

- Opción A: Plazo vinculado a la disponibilidad de una estructura
- Opción B: Plazo vinculado a la implantación

Plazo vinculado a la disponibilidad de una estructura

141. El primer hecho que, siendo realistas, puede dar origen a la obligación de declarar es el momento en que un promotor pone una estructura a disposición de los usuarios. En ese momento, la estructura estará suficientemente bien desarrollada como para ser comercializable y toda la información necesaria sobre su funcionamiento debe estar disponible si está siendo promovida o vendida. A tenor de la legislación británica, una estructura se considera "disponible para su implantación" en el momento en que están listos todos los elementos necesarios para la implantación de la estructura y se informa al cliente sugiriéndole que puede considerar realizar operaciones que formen parte de la estructura, con independencia de que se comuniquen o no todos los detalles de la estructura en ese momento. En el anexo A se recoge información adicional sobre la forma en que opera todo ello.

142. Los regímenes de declaración del Reino Unido, Irlanda y Portugal siguen este criterio para el origen de la obligación. Sin embargo, el plazo en que debe realizarse la declaración desde ese momento difiere entre estos tres países. En el Reino Unido e Irlanda, un promotor dispone de un plazo de cinco días laborables para declarar una estructura, a contar desde el momento en que pone dicha estructura a disposición de otra persona para su implantación por parte de ésta. Por lo tanto, el hecho que da origen a la obligación y el periodo de declaración están pensados para garantizar una declaración rápida que podría tener lugar antes de que el usuario o usuarios hayan implantado la estructura. Así se maximiza la capacidad de la administración tributaria para evaluar anticipadamente los riesgos de las estructuras y, en caso necesario, tomar medidas legislativas para subsanar cualquier vacío legal antes de perder una parte significativa de ingresos.

143. Mientras que en Portugal se utiliza ese mismo hecho a efectos del nacimiento de la obligación, el plazo de declaración es ligeramente más largo, ya que los promotores fiscales que participan en la planificación fiscal deben realizar la declaración en los 20 días siguientes al cierre del mes siguiente al mes en que han facilitado esa estructura. Una vez más, así también se asegura una declaración relativamente rápida pero es poco probable que la administración tributaria tenga conocimiento de la estructura antes de su implantación, lo que en última instancia podría repercutir en el importe de la pérdida de recaudación.

144. En Estados Unidos, en lugar de vincular el periodo de declaración directamente al momento en que se pone la estructura a disposición de los usuarios, la obligación de declaración nace cuando el asesor se convierte en un "asesor material". Un asesor material se define como la persona que presta cualquier ayuda, asistencia o asesoramiento material con respecto a la organización, promoción o puesta en práctica de cualquier operación sujeta a declaración y que, directa o indirectamente, obtiene o se espera que obtenga una renta bruta superiores a los umbrales de 50 000 USD o 250 000 USD (reducidos a 10 000 y 25 000 USD en el caso de operaciones catalogadas) dependiendo del tipo de contribuyente

y del tipo de operación sujeta a declaración. Una persona será asesor material cuando tengan lugar la totalidad de los siguientes eventos, sin un orden particular: *(1)* la persona presta cualquier ayuda, asistencia o asesoramiento material con respecto a la organización, promoción o puesta en práctica de cualquier operación sujeta a declaración; *(2)* obtiene o se espera que obtenga, directa o indirectamente, unas comisiones superiores a los umbrales; *(3)* el contribuyente realiza la operación sujeta a declaración; y *(4)* en el caso de operaciones catalogadas u operaciones de interés, se publiquen directrices que las identifiquen como tales. De nuevo existe un vínculo con las acciones del asesor material y una referencia a las actividades que facilitan una estructura o permiten su implantación. No obstante, el plazo de declaración en Estados Unidos es diferente, ya que el asesor material tiene que presentar su declaración ante la Oficina de Análisis de Refugios Fiscales del IRS el último día del mes siguiente al cierre del trimestre natural en el que el asesor haya pasado a ser un asesor material con respecto a la operación sujeta a declaración. Esto puede dar lugar a un plazo más prolongado, sobre todo en comparación con el establecido en el Reino Unido e Irlanda.

Plazo vinculado a la implantación

145. Un régimen de declaración también podría vincular la obligación de declaración al momento en que una estructura haya sido implantada por los usuarios. En ese momento, es más probable que ya se haya producido una pérdida real de recaudación, pero también hay pocas posibilidades de influir en el comportamiento del contribuyente lo que significa que la pérdida global de recaudación podría ser mayor.

146. En el régimen sudafricano, un mecanismo sujeto a declaración debe ser declarado en los 45 días siguientes a la fecha en que, por primera vez, el contribuyente perciba, devengue, pague o adeude un importe en virtud de dicho mecanismo. Así pues, la obligación de declaración nace desde el momento en que existe un cobro o pago de dinero, por una operación que forma parte de un mecanismo sujeto a declaración; esto muestra efectivamente que el mecanismo ha sido llevado a la práctica.

147. En Canadá, una operación sujeta a declaración debe declararse antes del 30 de junio del año calendario siguiente al año en que la operación ha pasado a ser una operación sujeta a declaración. Una operación sujeta a declaración es una operación de elusión que reúne al menos dos de los rasgos distintivos del régimen canadiense. El plazo de declaración viene marcado, por tanto, por el momento en que la operación pasa a estar sujeta a declaración. Esto se produciría en el momento en que sea implantada. Este momento de origen de la obligación, unido a plazos de declaración más largos, se traduce en que la información se recibe mucho más tarde que en los regímenes británico, irlandés y portugués. Esta circunstancia, sin duda, repercutirá en la capacidad de la administración tributaria para reaccionar con rapidez, lo que podría conducir a una mayor pérdida de recaudación y a un menor efecto disuasorio.

Opciones para el plazo de declaración del contribuyente

148. Como se expone en este capítulo, los regímenes de declaración obligatoria existentes, o bien requieren que declaren tanto promotor como contribuyente (Estados Unidos y Canadá) o bien imponen la obligación principal al promotor y sólo exigen la declaración del contribuyente cuando no hay promotor o cuando es poco probable que éste declare, por ejemplo, porque es no residente (Reino Unido, Irlanda, Portugal y Sudáfrica).

149. Aparentemente, se aplican consideraciones políticas similares al momento en que debe declarar un promotor y al momento en que debe declarar un contribuyente, es

decir: cuanto antes se produzca la declaración, mayor será la capacidad del régimen de declaración para alcanzar sus objetivos. No obstante, esta afirmación es especialmente cierta cuando no hay declaración del promotor y sólo declara el contribuyente.

150. En Estados Unidos, el contribuyente comunica su participación en una estructura en el marco del proceso de declaración de impuestos y ante la Oficina de Análisis de Refugios Fiscales del IRS (que es donde cualquier asesor material debería haber enviado su declaración) la primera vez que recoge la operación en su declaración de impuestos. Según la experiencia de Estados Unidos, la información facilitada por los contribuyentes fuera del momento en que debe presentarse la declaración de impuestos a menudo es pasada por alto o se pierde.[9] En Canadá, la obligación de declarar es la misma para contribuyentes y promotores. En ambos casos, la obligación de declarar surge efectivamente una vez implantada la estructura y el plazo de declaración es tal que puede transcurrir un período significativo entre la implantación y la posterior declaración.

151. El Reino Unido, Irlanda, Portugal y Sudáfrica sólo exigen la declaración del contribuyente en circunstancias muy limitadas. Pero cuando el contribuyente tiene que declarar la estructura, a diferencia de los regímenes estadounidense y canadiense, realizará sólo esa declaración. En el caso de Reino Unido, Irlanda y Portugal, todos modifican tanto el momento en que nace la obligación como el plazo de declaración cuando es el contribuyente quien realiza la declaración. Por ejemplo, las estructuras "desarrolladas internamente" tanto en el régimen británico como en el irlandés exigen al contribuyente presentar la declaración en un plazo de 30 días a contar desde la fecha en que el usuario haya realizado la primera operación. Así, el inicio del periodo de declaración viene marcado por la implantación y el contribuyente tiene un plazo ligeramente más largo para declarar. En Portugal, se aplican modificaciones similares, que obligan a los usuarios a declarar una estructura antes del cierre del mes siguiente al mes de su implantación. La definición de "implantación" tiene que identificar el momento en que está claro que una operación se llevará a cabo, lo que ofrecerá seguridad y también impedirá que los contribuyentes demoren artificialmente la declaración.

152. Cuando sólo declare el contribuyente/usuario, parece ser sensato vincular la obligación de declarar a la implantación dado que es difícil determinar otro momento o hecho que suponga un acontecimiento objetivo para el nacimiento de la obligación de declarar. Sería posible usar un acontecimiento desencadenante de carácter más subjetivo, como el momento en que el contribuyente decida realizar la operación. De este modo, la declaración se efectuaría antes del periodo de declaración vinculado a la implantación, pero también se ofrecería menos seguridad al contribuyente y se incrementaría la dificultad de gestión.

153. El régimen sudafricano aplica el mismo plazo a un contribuyente que a un promotor, por lo que el contribuyente debe declarar un mecanismo sujeto a declaración en un plazo de 45 días desde el cobro o devengo del primer importe por su parte o desde que paga o realmente incurre el mismo.

154. Aunque el plazo de declaración del contribuyente en el Reino Unido, Irlanda y Portugal es más prolongado que el concedido a un promotor, sigue estando diseñado con vistas a generar una declaración temprana a fin de permitir a la administración tributaria reaccionar con más rapidez.

Otras consideraciones

155. Se podría argumentar que la necesidad de realizar una declaración temprana es menor cuando un gobierno no puede reaccionar con rapidez para cambiar la legislación y que habría que tener en cuenta las limitaciones administrativas de cada administración tributaria. Sin

embargo, aunque esta consideración es pertinente, existen muchos medios por los que un gobierno y las administraciones tributarias pueden influir en el comportamiento de los contribuyentes, por ejemplo mediante la publicación de una opinión sobre una estructura u operación si creen que no funciona. Por otra parte, cuanto más tiempo transcurra entre la comercialización de una estructura y su eventual declaración, más usuarios habrá. Por lo tanto, la administración tributaria tendrá que impugnar más casos, lo que posiblemente requiera recursos, y, si la estructura tiene éxito, habrá una pérdida de recaudación mayor. Así pues, los países que han participado en este trabajo acordaron que el plazo de declaración debe ser lo más eficiente posible dentro del contexto de la legislación nacional.

Recomendaciones

156. Se recomienda que cuando sea el promotor quien tenga la obligación de declarar, el plazo de declaración esté vinculado a la puesta a disposición de la estructura y que el plazo de declaración trate de maximizar la capacidad de la administración tributaria para reaccionar ante la estructura con rapidez e influir en el comportamiento de los contribuyentes. Esto se conseguiría fijando plazos de declaración breves tras la puesta a disposición una estructura.

157. Cuando sea el contribuyente quien tenga que declarar, se recomienda que la obligación de declaración nazca con ocasión de la implantación, en lugar de la puesta a disposición de la estructura. Asimismo, cuando sólo declare el contribuyente (esto es, cuando no haya promotor o el promotor sea no residente), el plazo de declaración debe ser breve para maximizar la capacidad de la administración tributaria de intervenir rápidamente contra la estructura.

Qué otras obligaciones deben imponerse a los promotores o usuarios

Proceso de identificación de los usuarios de una estructura

158. La identificación de los usuarios de una estructura forma parte esencial de un régimen de declaración obligatoria y los regímenes actuales proceden a esa identificación de las dos formas siguientes: *(1)* mediante el uso de números de referencia para las estructuras que permitan identificar al contribuyente que ha utilizado una estructura concreta; o *(2)* en lugar (o además) de utilizar un número de identificación, imponiendo al promotor la obligación de facilitar una lista de los clientes que han utilizado las estructuras declaradas.[10]

159. Cuando se utiliza un número de referencia para una estructura, el proceso por lo general cubrirá tres fases:

- La autoridad fiscal emite un número de referencia para la estructura que comunica al promotor o al usuario (según corresponda).
- El promotor facilita el número de referencia de la estructura al usuario.
- Los usuarios comunican el número de referencia de la estructura a las autoridades fiscales cuando presentan su declaración de impuestos.

Estos tres pasos se detallan más adelante.

160. El número de referencia lo emiten las autoridades fiscales en el momento en que se declara la estructura y se facilita a la persona declarante. Cuando se da el número de referencia de la estructura a un promotor, éste tiene que facilitarlo a los usuarios de la

estructura en un determinado plazo (el Reino Unido establece un plazo límite de 30 días y Estados Unidos concede 60 días hábiles). Cuando el usuario es la persona obligada a declarar la estructura, las autoridades fiscales asignarán un número de referencia de la estructura directamente al usuario.

161. El usuario tendrá que incluir después el número de referencia de la estructura en su declaración de impuestos. Por ejemplo, en el Reino Unido, el número debe introducirse en la declaración correspondiente al año de cálculo, ejercicio fiscal, periodo contable o periodo de beneficios (según los casos) en que el usuario realice la primera operación que forme parte de la estructura. El usuario debe seguir incluyendo el número de referencia de la estructura cada año o periodo posterior hasta que deje de existir la ventaja.

162. La asignación de un número de referencia a la estructura no indica que la autoridad fiscal acepte la eficacia de la estructura declarada ni la exhaustividad de la declaración. Tanto Estados Unidos como el Reino Unido son explícitos a este respecto. Las instrucciones estadounidenses dejan claro que la recepción de un número de referencia para una operación sujeta a declaración no indica que el IRS haya revisado, examinado ni aprobado la operación. Las directrices británicas también establecen que la asignación o comunicación de un número de referencia para la estructura no indica que la administración tributaria británica acepte que la estructura logra o puede lograr cualquier supuesta ventaja fiscal. Tampoco indica que acepte que la declaración sea completa.

Cuadro 2.9. **Opciones para la identificación de usuarios de una estructura**

- Opción A: Por medio del número de estructura y la lista de clientes
- Opción B: Sólo por medio de lista de clientes

Opción A: Por medio del número de estructura y la lista de clientes

163. Estados Unidos, Reino Unido y Canadá utilizan un número de referencia como único identificador para las distintas estructuras.[11] Los promotores o asesores materiales reciben un número para la estructura u operación declarada, que facilita a los contribuyentes que han participado en la estructura. Los contribuyentes tendrán que incluir el número de referencia de la estructura en su declaración de impuestos relativa a la operación. Además, el Reino Unido exige a los promotores que presenten una declaración trimestral de clientes a las autoridades fiscales y en Estados Unidos un asesor material debe mantener una lista de clientes y entregársela (junto con todos los documentos pertinentes para determinar el tratamiento fiscal de la operación) al IRS en los 20 días hábiles siguientes a la fecha de requerimiento por escrito por parte del IRS.

164. Canadá introdujo por primera vez el régimen de refugio fiscal (TS) en 1989 con un abanico relativamente reducido de operaciones sujetas a declaración. En virtud del régimen TS, un promotor tiene que obtener un número de identificación para el refugio fiscal, facilitárselo a los participantes y entregar la lista de usuarios de la estructura. El número de identificación permite a las autoridades fiscales hacer un seguimiento del mecanismo y de los contribuyentes que participan en él. Canadá también ha introducido un nuevo régimen de operaciones de elusión fiscal sujetas a declaración (RTAT) que amplía la declaración a mecanismos de elusión no englobados en el régimen TS. No obstante, el número de referencia de la estructura sólo se aplica a los refugios fiscales cubiertos por el régimen TS y no es aplicable a las operaciones sujetas a declaración en virtud del RTAT.

165. Combinar números de referencia para las estructuras y listas de clientes puede ayudar a las autoridades fiscales a identificar con mayor facilidad el ámbito en el que se ha utilizado una estructura y debería garantizar que la declaración es completa. Los números de referencia de las estructuras también pueden permitir a las autoridades fiscales identificar la propensión de un contribuyente concreto para realizar determinados tipos de operaciones, ya que una administración tributaria podría ver con rapidez y facilidad en qué estructuras ha participado el contribuyente. Esto puede servir para documentar el proceso de evaluación de riesgos de ese contribuyente en particular. Ahora bien, los costes iniciales de cumplimiento y recursos pueden ser mayores que los soportados por el uso de números de referencia para las estructuras.

Opción B: Sólo por medio de lista de clientes

166. Las listas de clientes pueden ofrecer una alternativa para identificar a los usuarios en los países que no utilizan un sistema de números de referencia para las estructuras. Con este requisito, un promotor está obligado a proporcionar una lista de los clientes que han utilizado una estructura. Los plazos para entregar la lista de clientes varían. En el régimen irlandés, la lista debe facilitarse en los 30 días siguientes a que el promotor tenga conocimiento por primera vez de la ejecución de una operación sujeta a declaración sin que se haya asignado un número único de estructura a la operación. Sin embargo, Irlanda introdujo números de referencia para estructuras en 2014 y en la actualidad cuenta con un sistema similar al británico.[12] Por otra parte, el régimen británico exige al promotor presentar listas trimestralmente.[13]

167. Una variante de este enfoque consiste en exigir al promotor que mantenga listas que identifiquen a cada persona a la que hayan proporcionado números de referencia de estructuras y que se las entregue a las autoridades fiscales, previa petición de éstas. Por ejemplo, Estados Unidos exige la presentación de listas de clientes al IRS en los 20 días hábiles siguientes a la fecha del requerimiento por escrito del IRS.

Otras consideraciones

168. Como se ha señalado anteriormente, la identificación de los usuarios es una parte esencial de un régimen de declaración obligatoria. Permite a la administración tributaria mejorar la evaluación de riesgos y centrarse en las consultas, y también permite cuantificar mejor el alcance de cualquier pérdida de recaudación. Todos los detalles de las estructuras se archivan según el número de referencia de la estructura, lo que facilita la rápida consulta de los detalles en un momento posterior, en caso preciso. Cuando el usuario tiene que declarar directamente a la administración tributaria, como sucede en Estados Unidos, no hay tanta necesidad de incluir un requisito adicional, como el número de referencia de la estructura, para identificar al usuario, si bien recopilar información de distintas fuentes (aunque requiere más recursos) también permite cotejar la información y establecer más fácilmente vínculos entre el promotor y los participantes de la operación. Exigir al promotor la entrega de una lista también sirve para identificar a otros contribuyentes que hayan participado en la estructura, pero que no lo hayan declarado.

169. No obstante, cuando la obligación principal de declarar recae en el promotor, es preciso introducir otros sistemas para garantizar la identificación de los usuarios de la estructura. Es posible que los países tengan que realizar un análisis de datos basándose en las declaraciones fiscales a fin de identificar a los usuarios de la estructura, si no disponen de información exhaustiva sobre los usuarios de la estructura gracias al sistema de números de referencia o a las listas de clientes. Además, en este segundo caso, el hecho de que el

usuario sepa que será identificado bien por la lista de clientes, o bien más directamente, mediante la introducción de un número en su declaración de impuestos, puede disuadir a algunos de utilizar la estructura desde un primer momento. En definitiva, cuando existe una doble obligación de declaración se suscitan consideraciones distintas de las que surgen cuando sólo declara el promotor. En este segundo caso, parece que la necesidad de utilizar números de referencia para las estructuras y listas de clientes es mucho mayor.

170. Utilizar números de referencia para las estructuras puede aumentar inicialmente los costes en recursos para la administración tributaria y el coste de cumplimiento para el promotor. Sin embargo, una vez establecido el proceso, es probable que los costes corrientes sean bajos. En contraposición, una administración tributaria no sólo obtiene información sobre los usuarios de una estructura concreta, sino que también puede hacerse una idea del riesgo que representa cada contribuyente. El uso de números de referencia para las estructuras también puede mejorar los procesos administrativos; tomemos, por ejemplo, el caso de Sudáfrica, donde se emite un número de referencia para la estructura como medida de control para indicar la fecha y la secuencia de la declaración. El efecto disuasorio también puede ser mayor si el contribuyente está obligado personalmente a consignar el número de referencia de la estructura en sus declaraciones y, como es obvio, el mismo efecto disuasorio se consigue cuando se obliga al contribuyente a realizar la declaración directamente.

171. Las listas de clientes suelen recibirse antes que las declaraciones, por lo que ofrecen información sobre la adopción de estructuras de elusión mucho antes que los números de referencia por sí solos. Esto permite establecer planes de cumplimiento antes de recibir las declaraciones, a menudo con un año de antelación. También permite a la administración tributaria intervenir anticipadamente, por ejemplo, poniéndose en contacto con los contribuyentes que figuran en las listas con objeto de aconsejarles que no reclamen los efectos de la estructura de elusión en su declaración. Es probable que estas ventajas sean más evidentes si las listas de clientes se entregan directamente a la administración tributaria y cuanto antes, mejor. Sin embargo, no todas las legislaciones nacionales de los países permiten la entrega automática, por lo que tendrá que haber cierta flexibilidad.

Recomendaciones

172. Cuando un país impone al promotor la obligación principal de declarar, se recomienda que introduzca números de referencia para las estructuras y que exija la preparación de listas de clientes con el fin de identificar de forma inequívoca a todos los usuarios de una estructura y posibilitar una evaluación de riesgos individualizada de cada contribuyente. En este contexto, se recomienda que, cuando la legislación nacional lo permita, las listas de clientes sean entregadas automáticamente a la administración tributaria.

173. Cuando un país introduzca una doble obligación de declaración por la que tanto el promotor como el contribuyente deban declarar, los números de referencia de las estructuras y las listas de clientes pueden no ser tan esenciales, si bien es probable que ayuden a cotejar la información y permitan a la administración tributaria cuantificar el riesgo y la pérdida de recaudación de determinadas estructuras.

Consecuencias del cumplimiento y del incumplimiento

Consecuencias del cumplimiento

Expectativa legítima

174. La declaración de una operación sujeta a declaración permite a las autoridades fiscales identificar una operación de interés potencial para ellas y para el contribuyente que trata de obtener una ventaja fiscal con esa operación. En general, el hecho de que una operación esté sujeta a declaración no significa necesariamente que conlleve elusión fiscal. Del mismo modo, la declaración no implica la aceptación de la validez, ni del tratamiento fiscal, de la operación por parte de la autoridad tributaria.

175. Varios países han mostrado preocupación por las "expectativas legítimas" en el contexto del régimen de declaración obligatoria. Dicho de otro modo, les preocupa que si se instaura la obligación de declarar, los contribuyentes puedan creer que cualquier declaración ante las autoridades fiscales da lugar al acuerdo implícito de que la estructura es válida, si no se recibe respuesta en contrario de dichas autoridades. Esta expectativa legítima, en caso de producirse, podría afectar a la capacidad de las autoridades fiscales para actuar posteriormente contra una estructura, y la obligación de responder a todas las declaraciones ofrecería un sistema de aprobación para dichas operaciones. Ello sería contrario a la práctica vigente en muchos países que excluyen explícitamente las operaciones de elusión de sus procesos de aprobación o consulta.

176. Para evitar que surjan expectativas legítimas, es importante que las autoridades fiscales sean claras a la hora de explicar que la declaración de operaciones sujetas nada tiene que ver con la efectividad de las operaciones y que tampoco existe un vínculo automático con la obtención de una consulta sobre la validez de la operación ni con la aplicación de cualquier norma de prevención de la elusión. Los regímenes existentes en Reino Unido, Estados Unidos, Irlanda y Canadá ya lo prevén así dejando claro que la declaración de una estructura carece de relevancia para que se permita o no la ventaja fiscal. De forma análoga, está claro que la declaración de un mecanismo fiscal no produce efecto alguno en la posición fiscal de la persona que lo utilice.

177. El régimen portugués se enmarca en un ordenamiento de Derecho civil pero, al igual que los regímenes que operan en el Reino Unido, Estados Unidos, Irlanda y Sudáfrica, la declaración de la estructura no afecta al tratamiento que recibirá y la falta de respuesta de las autoridades fiscales no genera una expectativa legítima, por parte del contribuyente, de que la estructura sea válida o vaya a ser aceptada.

178. Por lo tanto, se recomienda que, al introducir un régimen de declaración obligatoria, la legislación y las directrices sigan el enfoque adoptado en los regímenes existentes y deje claro que la declaración de una operación no implica la aceptación de la misma ni la aceptación de la supuesta ventaja fiscal obtenida por cualquier persona.

Cuestión de la autoinculpación

179. La información que un contribuyente tiene que facilitar en virtud de un régimen de declaración obligatoria no suele ser más exhaustiva que la información que la administración tributaria exigiría si inspeccionara o auditara una declaración de impuestos. Por lo tanto, las operaciones que en potencia constituyen planificación o elusión fiscal en virtud de los regímenes de declaración obligatoria existentes no deberían suscitar mayor preocupación por la autoinculpación que las que suscitaría el ejercicio de otras facultades de reclamación

de información. Es más, los tipos de operaciones en los que se centra la declaración por lo general no serán los tipos de operaciones que dan lugar a responsabilidades penales. En el caso de los países que imponen responsabilidades penales a los contribuyentes por realizar determinadas operaciones de elusión fiscal, cabe que sea posible excluir sencillamente esas operaciones del ámbito de aplicación del régimen de declaración sin restringirlo sustancialmente. Además, no deberían suscitarse problemas de autoinculpación cuando el obligado a declarar sea el promotor, en lugar del contribuyente, salvo en supuestos en los que el promotor podría incurrir en responsabilidad penal por la promoción u oferta de una estructura. En el anexo B se recogen más detalles sobre la compatibilidad de la autoinculpación y la declaración obligatoria.

Consecuencias del incumplimiento

180. Los regímenes de declaración obligatoria no serán efectivos si los promotores y contribuyentes no cumplen íntegramente su obligación de declarar. El cumplimiento de la obligación de declarar puede mejorarse de varias formas; en primer lugar, será más fácil cumplir las normas si éstas están articuladas de forma precisa y se pueden entender con claridad; en segundo lugar, los regímenes de declaración obligatoria tienen que incluir sanciones claras para fomentar la declaración y penalizar a quienes no cumplan sus obligaciones. La sanción habitual por incumplimiento es la imposición de multas, pero la estructura y la cuantía de la sanción varía entre los países dependiendo del tipo de contribuyente (persona física o sociedad) y del tipo de operación.

181. Por lo general, cada país tendrá que analizar la cuestión de si las sanciones deben ser monetarias, no monetarias o incluir una parte monetaria y una parte no monetaria, y los importes de cualquier sanción monetaria. Sin embargo, a continuación exponemos las cuestiones que habrá que tener en cuenta, basándose en las disposiciones de los regímenes existentes.

Sanciones monetarias

182. El incumplimiento de las normas de declaración obligatoria podría dar lugar, consecuentemente, a sanciones monetarias en un diverso número de situaciones:

- Sanción monetaria por no declarar una estructura – es el tipo de sanción más frecuente y se aplicará cuando el promotor o el contribuyente no declare una operación o presente información incompleta.
- Sanción monetaria por no mantener o no facilitar listas de clientes – también se aplicará una sanción cuando el promotor tenga que mantener o entregar una lista de clientes y no cumpla con esta obligación.
- Sanción monetaria por no facilitar un número de referencia de una estructura – podrán aplicarse sanciones cuando un promotor tenga que facilitar un número de referencia de una estructura a todos los clientes en cuestión y no lo haga, o no lo haga dentro de un plazo determinado.
- Sanción monetaria por no declarar un número de referencia de una estructura – también se aplicará una sanción a un contribuyente que tenga que indicar un número de referencia de una estructura en una declaración y no lo haga.

Sistema sancionador por incumplimiento

183. A la hora de establecer niveles de sanción, las jurisdicciones pueden tener en cuenta factores como si el incumplimiento es negligente o deliberado, o podrían vincular las sanciones al nivel de las comisiones o ventajas fiscales. No obstante, el objetivo principal de establecer un límite y fijar un sistema sancionador es incrementar la presión para que se cumpla la ley. Las sanciones deberían fijarse en un nivel que incentivara el cumplimiento y maximizara su valor disuasorio sin ser excesivamente gravosas ni desproporcionadas. Deberían estudiarse sanciones porcentuales basadas en el tamaño de la operación o la magnitud del ahorro fiscal.

(i) Sanciones diarias

184. Las sanciones diarias hacen hincapié en la presentación de la declaración en plazo y se utilizan en el Reino Unido e Irlanda. Pueden ser efectivas para incentivar al promotor y al contribuyente a cumplir con la obligación de declarar, ya que se pueden seguir imponiendo sanciones diarias mientras perdure el incumplimiento. En el régimen británico, hay dos tipos de sanciones: una sanción inicial y una sanción secundaria. La sanción inicial viene determinada por un Tribunal y la sanción diaria secundaria puede ser aplicada por la administración tributaria del Reino Unido. La sanción inicial puede calcularse sobre la base de un importe diario máximo de 600 libras GBP por día.[14]

185. Si el Tribunal considera probable que la sanción diaria máxima antes señalada sea insuficiente, puede imponer una sanción mayor de hasta 1 millón de GBP. La cuantía del incremento de la sanción se determina teniendo en cuenta el importe de la comisión percibida o que probablemente hubiera sido percibida por el promotor en caso de incumplimiento por parte de éste. Si es el contribuyente el que no ha declarado, el Tribunal tendrá en cuenta el importe de la ventaja fiscal obtenida o que se pretendía obtener.

186. Además, la administración tributaria británica puede imponer una sanción diaria secundaria, no superior a 600 GBP, por cada día que perdure el incumplimiento de declarar desde la imposición de la sanción inicial. En tales casos, la administración tributaria británica normalmente impone un importe diario secundario proporcional a la sanción inicial. Así pues, la estructura sancionadora utilizada en el Reino Unido e Irlanda también tiene en cuenta el importe de la ventaja fiscal o la comisión que se han obtenido.

187. Sin embargo, se adopta un enfoque diferente si es el usuario el que no indica que está utilizando una estructura en su declaración. En tal caso, las sanciones son de 100 GBP por el primer incumplimiento, 500 GBP por el segundo y 1 000 GBP por cualquiera de los siguientes. Irlanda tiene un régimen sancionador similar al del Reino Unido, aunque con otras cuantías.

188. Las sanciones diarias también pueden imponerse a cualquier promotor o asesor que no mantenga una lista de clientes o que no la facilite cuando la requieran las autoridades fiscales. Por ejemplo, en virtud de la legislación tributaria estadounidense, cualquier asesor material que no mantenga una lista según lo dispuesto en el régimen de operaciones sujetas a declaración y que no facilite dicha lista al IRS previo requerimiento por escrito de éste, pagará una sanción de 10 000 USD por cada día de incumplimiento a contar desde el vigésimo día.

(ii) Sanción proporcional al ahorro fiscal o a la comisión del promotor

189. El sistema sancionador utilizado en el Reino Unido e Irlanda puede tomar en consideración el importe de la ventaja fiscal o de la comisión percibida. Sin embargo, el

enfoque adoptado por Estados Unidos y Canadá hace este vínculo más explícito al basar directamente el nivel de la sanción en el importe de la ventaja fiscal conseguida por el contribuyente o en la comisión/retribución pagada al asesor o promotor.

190. En Estados Unidos, la sanción aplicable a un asesor material si no declara una operación sujeta a declaración distinta de una operación catalogada, o si presenta información incompleta o falsa con respecto a dicha operación, es de 50 000 USD. La sanción aplicable en el caso de operaciones catalogadas es de 200 000 USD o un 50% (incrementado a un 75% cuando existe intencionalidad) de los ingresos brutos derivados de la prestación de ayuda, asistencia o asesoramiento con respecto a la operación catalogada, aplicándose el importe que resulte mayor.

191. En el caso de un contribuyente estadounidense, la sanción por incumplimiento de la obligación de declarar es un 75% de la minoración de la cuota como consecuencia de la operación, con sujeción a sanciones mínimas y máximas que van de 5 000 USD a 200 000 USD, dependiendo del tipo de contribuyente y del tipo de operación sujeta a declaración. Estos importes de sanción reflejan los cambios introducidos en el régimen sancionador estadounidense en 2010 para garantizar la proporcionalidad de la cuantía de la sanción con la infracción penalizada.[15]

192. En el régimen sancionador canadiense, la sanción es proporcional a la cuantía de la comisión. Toda persona obligada a presentar la declaración es responsable del pago de una sanción equivalente al total de todas las comisiones pagaderas al asesor o promotor. Cada asesor o promotor es responsable solidario con el contribuyente, lo que incentiva a los asesores y promotores a presentar la declaración o a fomentar que sus clientes la presenten. Sin embargo, asesores y promotores sólo son responsables por la cuantía de las comisiones que tienen derecho a percibir. Esta sanción no está explícitamente vinculada a las ventajas fiscales conseguidas por el usuario, si bien, implícitamente, refleja las ventajas en la medida en que las comisiones se basan en la ventaja fiscal conseguida.

193. En Sudáfrica, se impone una sanción mensual por no declarar de entre 50 000 ZAR y 100 000 ZAR (hasta un máximo de 12 meses); la sanción se duplica si el importe de la ventaja fiscal prevista excede de 5 millones de ZAR y se triplica si la ventaja fiscal prevista excede de 10 millones de ZAR.

194. Las sanciones por incumplimiento del régimen de declaración suelen estar relacionadas con la propia declaración y no con las consecuencias fiscales de la estructura subyacente. Las sanciones por declaración operan, así pues, de forma independiente y no guardan relación con otras disposiciones sancionadoras de un código tributario nacional y la declaración de una estructura no puede subsanar otro incumplimiento de otro aspecto de las obligaciones de un contribuyente. En el anexo C se recogen algunos ejemplos basados en las disposiciones británicas y estadounidenses.

Sanciones no monetarias

195. También pueden aplicarse sanciones no monetarias. Por ejemplo, en Canadá, el hecho de no declarar una estructura suspende su eficacia y se puede denegar a los contribuyentes cualquier ventaja fiscal resultante de ella. Por el contrario, en Estados Unidos, Reino Unido, Portugal, Irlanda y Sudáfrica, la falta de declaración en sí no afecta a la eficacia de una estructura.

196. En Estados Unidos, las sociedades cotizadas que tienen que presentar determinados informes ante el organismo regulador (Securities and Exchange Commission, SEC) tienen que declarar la obligación de pagar sanciones monetarias por no haber declarado determinadas operaciones sujetas. En Estados Unidos, el incumplimiento de las normas

de declaración también puede repercutir en la posibilidad de que el contribuyente pueda esgrimir una defensa efectiva frente a cualquier sanción por una infravaloración sustancial de las cuotas a pagar en relación con una operación (es decir, el hecho de no declarar puede repercutir en el análisis de si el contribuyente actuó con "causa justificada y de buena fe" a la hora de adoptar la posición fiscal). Adicionalmente, en Estados Unidos, la omisión de la declaración amplía el plazo de prescripción (el periodo que tiene el gobierno para impugnar el tratamiento fiscal alegado por un contribuyente) con respecto a las operaciones catalogadas.

Iniciativas dirigidas a promotores

197. Los promotores tienen mejor conocimiento de los efectos fiscales de una estructura y están en mejor situación para saber si una estructura constituye elusión fiscal y para ser conscientes de los riesgos inherentes a la misma. Por este motivo, es probable que las estrategias de cumplimiento fiscal, incluidas las normas de declaración obligatoria, sean más efectivas si se centran en los promotores, mejorando el cumplimiento fiscal desde el lado de la oferta, que si se centran exclusivamente en los usuarios finales, es decir, en los contribuyentes. Este enfoque dual es evidente fuera del contexto de los regímenes de declaración obligatoria, por ejemplo en el código tributario mexicano se impone una sanción al asesor fiscal que presta un servicio de asesoramiento a un contribuyente para reducir u omitir alguna contribución federal. Ahora bien, esta sanción no es aplicable si el asesor fiscal proporciona al contribuyente una opinión escrita en la que indica que las autoridades pueden no estar de acuerdo con la posición adoptada. Este tipo de régimen sancionador incentiva al asesor fiscal para que advierta a sus clientes del riesgo de realizar determinadas operaciones y también puede, en términos más generales, incentivar al asesor fiscal a ser más cuidadoso con el asesoramiento que presta.

198. También pueden considerarse otras iniciativas basadas en el promotor en el marco de un régimen de declaración obligatoria o en relación con el mismo. Por ejemplo, el Reino Unido toma en consideración el comportamiento de los promotores de alto riesgo con el fin de aumentar la transparencia y está introduciendo nuevas normas. Según estas normas, el promotor que incumple el régimen de declaración se expone a que las autoridades fiscales tomen otras medidas, haciendo uso de sus facultades informativas y sancionadoras, concebidas para mejorar su actuación. En su documento de consulta titulado "Strengthening the Tax Avoidance Disclosure Regimes" publicado en julio de 2014,[16] la administración tributaria británica sugería que cualquiera que trabajara con un promotor no residente (como un socio de negocio) debería ser obligado a declarar los mecanismos sujetos a declaración promovidos por el promotor con el fin de disuadir del uso de promotores no residentes para eludir las obligaciones de declaración en el Reino Unido.

Recomendaciones

199. Se recomienda que los países sean explícitos en su legislación nacional sobre las consecuencias de declarar una estructura u operación en virtud de un régimen de declaración, es decir, que no conlleva la aceptación de la estructura ni de los beneficios que persigue.

200. Para velar por el cumplimiento de las normas de declaración, los países deberían introducir sanciones económicas aplicables en caso de incumplimiento de cualquiera de las obligaciones impuestas. Los países pueden introducir libremente disposiciones sancionadoras (incluso sanciones no monetarias) que sean coherentes con sus disposiciones legales nacionales de carácter general.

Cuestiones de procedimiento/administración tributaria

Clases de información que hay que declarar

201. Siempre que una operación está sujeta a declaración, la persona obligada a declararla debe facilitar a las autoridades fiscales información concreta sobre cómo funciona la operación y cómo surge la supuesta ventaja fiscal, así como detalles sobre el promotor y el usuario de la estructura. Con frecuencia, la información que hay que declarar es el tipo de información que un contribuyente necesitaría en todo caso para cumplir sus obligaciones fiscales e incluye detalles de las operaciones, nombres y el número de referencia fiscal del promotor y de los usuarios de la estructura.

202. Los promotores y, en determinadas circunstancias, los usuarios tienen que presentar suficiente información a la autoridad fiscal para que ésta pueda entender cómo funciona una estructura y cómo surge la ventaja fiscal prevista. A continuación se incluye un posible borrador de plantilla donde se recoge el tipo de información que hay que declarar en los regímenes de declaración obligatoria existentes. Se basa en los modelos utilizados en los regímenes de declaración obligatoria de Reino Unido, Estados Unidos, Canadá, Irlanda y Sudáfrica.[17]

Identificación de promotores y usuarios de estructuras

203. Para identificar a los promotores y usuarios de las estructuras, se precisa información detallada que incluye el nombre completo, la dirección, el número de teléfono y el número de referencia o identificación fiscal (en su caso). En Canadá y Sudáfrica, hay un modelo único disponible que pueden utilizar tanto los usuarios como los promotores de las estructuras. En otros países (Reino Unido, Estados Unidos e Irlanda) existen diferentes modelos de declaración para promotores y contribuyentes.

Detalles de la disposición por la que la estructura queda sujeta a la obligación de declarar

204. Los promotores y los usuarios de una estructura tienen que especificar el precepto, es decir, el rasgo o rasgos distintivos al amparo de los cuales se presenta la declaración. Cuando son aplicables varios rasgos distintivos, Estados Unidos, Canadá, Irlanda y Sudáfrica exigen la especificación de todos los rasgos aplicables a la operación sujeta a declaración. El Reino Unido, en cambio, sólo exige al promotor o usuario de la estructura que indique el principal rasgo distintivo aplicable (esto permite a la administración tributaria británica controlar la efectividad de los distintos rasgos).

Descripción del mecanismo y nombre por el que se conoce (en su caso)

205. Hay que proporcionar suficiente información para que la autoridad fiscal pueda entender cómo surge la ventaja fiscal prevista. La explicación debe ser clara y describir cada paso del proceso. Los términos y conceptos jurídicos o técnicos de uso frecuente no tienen que explicarse en profundidad, aunque la descripción de la operación u operaciones sujetas a declaración debe incluir los hechos relevantes, detalles de las partes implicadas, detalles completos del elemento de la operación y debe explicar cómo surge la ventaja fiscal prevista.

Disposiciones legales en las que se basa la ventaja fiscal

206. Se debe hacer una referencia exhaustiva a las disposiciones legislativas y normativas pertinentes para el tratamiento fiscal de las operaciones. Esta información explica cómo se

están aplicando las disposiciones pertinentes y cómo permiten al contribuyente obtener el tratamiento fiscal deseado. En el contexto de regímenes de tributación internacional, esta información debería incluir las disposiciones pertinentes de la legislación extranjera.

Descripción del beneficio o ventaja fiscal

207. El promotor y el contribuyente tienen que describir la ventaja fiscal generada por el mecanismo. En Estados Unidos, el contribuyente debe marcar todas las casillas que son aplicables a las ventajas fiscales que espera obtener con la operación. En otros países, el contribuyente tiene que describir las ventajas fiscales.

Lista de clientes (sólo promotores)

208. Determinados regímenes de declaración obligatoria exigen a los promotores y asesores fiscales que entreguen listas de clientes con su declaración o, en el caso de Estados Unidos, los promotores tienen que mantener listas de clientes y facilitarlas previa petición.

Cuantía de la ventaja fiscal prevista

209. Algunos países (Estados Unidos, Canadá y Sudáfrica) exigen que se indique en el modelo de declaración el importe real o previsto de la ventaja fiscal generada por la estructura declarada. Por ejemplo, en Estados Unidos, cada contribuyente y asesor material tienen que presentar cada operación sujeta a declaración en un modelo independiente. Para que se considere completa la declaración, un contribuyente tiene que presentar los importes del tratamiento fiscal previsto y todas las ventajas fiscales potenciales que se prevé que propicie la operación. Sin embargo, puede que para el contribuyente sea difícil calcular con exactitud el importe de la ventaja fiscal, lo que es especialmente probable cuando la obligación de declarar nace antes de que una estructura haya sido llevada a la práctica (es decir, cuando el promotor la pone a su disposición), motivo por el que esta información se califica de opcional en los siguientes cuadros.

Cuadro 2.10. **Borrador de modelo de declaración A (para usuarios de estructuras)**

- Datos del usuario: nombre completo, dirección, número de teléfono, número de referencia fiscal *(en su caso)*
- Datos de la estructura: describir cada elemento de la operación de la que se deriva el efecto fiscal pretendido
- Disposición de declaración: especificar el rasgo o rasgos pertinentes al amparo de los cuales se presenta la declaración
- Disposiciones legales o normativas: describir las principales disposiciones de la ley pertinentes para los elementos de la operación declarada de la que surge la ventaja fiscal prevista
- Cuantía de la ventaja fiscal prevista *(opcional)*
- Datos de todas las partes de la operación: especialmente útil cuando se declaran regímenes a medida
- Declaración: firma, fecha, nombre del declarante

Cuadro 2.11. **Borrador de modelo de declaración B (para promotores de estructuras o asesores)**

- Datos del promotor o asesor: nombre completo, dirección, número de teléfono, número de referencia fiscal *(en su caso)*
- Datos de la estructura: describir cada elemento de la operación de la que se deriva el efecto fiscal pretendido
- Disposiciones de declaración: especificar el rasgo o rasgos pertinentes en aplicación de los cuales se presenta la declaración
- Disposiciones legales o normativas: describir las principales disposiciones de la ley pertinentes para los elementos de la operación declarada de la que surge la ventaja fiscal prevista
- Lista de clientes: nombre de clientes a los que se ha ofrecido la operación (cuando la legislación nacional lo permita)
- Cuantía de la ventaja fiscal prevista *(opcional)*
- Datos de todas las partes de la operación: especialmente útil cuando se declaran regímenes a medida
- Declaración: firma, fecha, nombre del declarante

Facultades para recabar información complementaria

210. Una vez recibida la declaración inicial, es posible que la administración tributaria tenga que responder con un requerimiento de información complementaria, por ejemplo para obtener más detalles sobre una estructura y su funcionamiento o para aclarar información incompleta o poco concisa. Además, pueden ser necesarias facultades para exigir información cuando, en efecto, no se haya presentado una declaración, para comprobar que el contribuyente y el promotor están cumpliendo sus obligaciones de declaración.

211. Así pues, habrá que examinar hasta qué punto se requieren facultades nuevas o adicionales que permitan a una administración tributaria:

- Preguntar por los motivos por los que un promotor o un usuario no ha declarado una estructura en circunstancias en que la administración tributaria cree que debiera haber sido declarada.
- Exigir a un intermediario/presentador (una persona que presenta el cliente a un promotor) que identifique a la persona que le ha proporcionado la información sobre la estructura.[18]
- Solicitar más información cuando una declaración esté incompleta;
- Solicitar más información, tras una declaración inicial del promotor o usuario de una propuesta o mecanismo.

Cómo utilizar la información recabada

212. Una vez introducido un régimen de declaración obligatoria, las autoridades pueden utilizar de varias formas la información recabada para modificar el comportamiento y contrarrestar las estructuras de elusión fiscal. Entre ellas, se incluyen medidas basadas en cambios legislativos, otras en evaluaciones de riesgos e inspecciones, y otras en estrategias de comunicación.

Cambios legislativos o normativos

213. La detección temprana de las estructuras de elusión fiscal permite a las autoridades fiscales modificar la legislación tributaria con mayor rapidez. Por ejemplo, en el Reino Unido, se han introducido numerosos cambios en la legislación tributaria, a raíz de las informaciones recogidas en las declaraciones, desde que se implantó el régimen DOTAS en 2004. Esto ha contribuido a bloquear miles de millones en oportunidades de elusión.

214. La rapidez en los cambios legislativos depende del sistema legislativo de un país, pero también requiere que el país implante un proceso que analice y evalúe los riesgos de las nuevas estructuras con celeridad.

Evaluación de riesgos

215. Suele haber un equipo, dentro de la administración tributaria, dedicado al análisis de las declaraciones. Este equipo realiza una revisión inicial del mecanismo y desempeña un papel fundamental a la hora de determinar si deben tomarse más medidas en forma de cambio legislativo, inspección, o más indagaciones, etc. El procedimiento interno específico varía en función de la organización administrativa de los países.

216. En el Reino Unido, una vez recibida una declaración, otro equipo evalúa el riesgo del mecanismo declarado y coordina las respuestas desde las diferentes áreas operativas y políticas. Esto incluye el diseño y la ejecución de una estrategia operativa para gestionar las indagaciones sobre la estructura de elusión correspondiente. En Estados Unidos, un equipo denominado Oficina de Análisis de Refugios Fiscales (OTSA) es el punto central del cumplimiento en materia de refugios fiscales, es responsable de seguir todas las operaciones sujetas a declaración comunicadas y de identificar los posibles casos de incumplimiento, así como de garantizar la correcta difusión de la información sobre refugios fiscales en el seno de la administración tributaria.

Estrategia de comunicación

217. Las autoridades fiscales pueden emitir publicaciones destinadas a los contribuyentes que sirvan de alerta temprana para indicar que han detectado un mecanismo en el mercado y que están considerando en esos momentos sus implicaciones fiscales. En esas publicaciones, las autoridades fiscales describen el mecanismo y los aspectos del mismo que les preocupan de forma que los contribuyentes sean conscientes de los riesgos que asumen al participar en él. Este enfoque de comunicación masiva ("de un interlocutor a muchos") puede desempeñar un papel importante a la hora de influir en el comportamiento del contribuyente y del promotor en lo que se refiere al cumplimiento fiscal. Por ejemplo, el Reino Unido publica "Spotlight" que advierte a los contribuyentes de determinadas estructuras de elusión fiscal.[19]

218. Canadá tiene un producto similar al británico, que se llama "Tax Alert".[20] Las autoridades fiscales canadienses (CRA, del inglés Canada Revenue Agency) emiten cada cierto tiempo "Tax Alert" (alertas fiscales) sobre asuntos fiscales concretos con el fin de ayudar a los contribuyentes a entender las consecuencias fiscales a las que pueden enfrentarse si participan en una estructura u operación. Estas publicaciones son una forma de transmitir puntualmente comunicaciones a los contribuyentes para mantenerles informados y disuadirles de realizar determinadas operaciones.

219. En Estados Unidos, el IRS publica su opinión sobre las operaciones que ha identificado como operaciones constitutivas de elusión fiscal aplicándoles el calificativo de "operaciones

catalogadas" en notificaciones administrativas u otras directrices públicas.[21] El IRS también identifica operaciones que, según su criterio, pueden presentar potencial para constituir elusión fiscal aplicándoles el calificativo de "operaciones de interés" en notificaciones administrativas u otras directrices públicas.[22] Estas notificaciones públicas describen tanto las características de las operaciones identificadas como los efectos fiscales que pretenden.

Recomendaciones

220. Las administraciones tributarias tendrán que determinar qué información tiene que declarar un promotor o contribuyente. Se recomienda que la información incluya:

- Identificación de promotores y usuarios de estructuras;
- Detalles de las disposiciones en virtud de las cuales la estructura está sujeta a la obligación de declarar;
- Una descripción del mecanismo y el nombre por el que se conoce (en su caso);
- Una descripción de las disposiciones legales en las que se basa la ventaja fiscal;
- Una descripción del beneficio o ventaja fiscal;
- Una lista de clientes (sólo para el promotor) – cuando la legislación nacional lo permita;
- La cuantía de la ventaja fiscal prevista.

221. Además, las disposiciones sobre declaración obligatoria tendrán que ir respaldadas por las facultades de requerimiento de información necesarias para que una administración tributaria pueda:

- Investigar por qué se ha incumplido la obligación de declarar;
- Averiguar la identidad de promotores e intermediarios;
- Solicitar más información tras una declaración para hacer un seguimiento.

222. Con el fin de utilizar de forma efectiva la información recopilada a través del régimen de declaración obligatoria, se recomienda que las administraciones tributarias establezcan una pequeña unidad que evalúe los riesgos de las declaraciones recibidas y coordine las actuaciones entre las diferentes autoridades fiscales.

Notas

1. Los rasgos son instrumentos para identificar las características de estructuras de planificación fiscal agresiva y se dividen, en general, en dos categorías: rasgos genéricos y específicos. En la sección "Rasgos distintivos" de este capítulo se recoge información adicional.

2. Salvo en los casos en que se contempla realmente el litigio, el secreto profesional sólo se aplica al asesoramiento legal confidencial prestado al cliente por el asesor profesional y no es extensible a la documentación preparada en el trascurso normal de la operación o a la identidad de las partes implicadas. El secreto profesional es similar al privilegio de confidencialidad reconocido por el *common law* estadounidense entre un abogado y su cliente. La legislación estadounidense también reconoce protección legal a las comunicaciones entre un contribuyente

y un profesional habilitado para ejercer ante el IRS, aunque al igual que el secreto profesional, por lo general no suele ser extensible a la identidad del contribuyente. *Véase, por ejemplo, Estados Unidos v. BDO Seidman*, 337 F.3d 802 (7th Cir. 2003); *Doe v. KPMG LLP*, 325 F. Supp. 2d 746 (N.D. Tex. 2004). De igual modo, en Estados Unidos la protección legal no ampara las comunicaciones sobre refugios fiscales.

3. Las pruebas de umbral se utilizan en distintas disposiciones legislativas y a menudo se refieren a límites mínimos. Sin embargo, en el contexto de los regímenes de declaración obligatoria existente, el umbral más frecuente, este hace referencia al beneficio principal o al objetivo principal. Por lo tanto, cuando en este borrador de proyecto nos refiramos a pruebas de umbral se trata de este tipo de prueba al que estamos haciendo referencia.

4. Sin embargo, como se ha mencionado antes, la experiencia de algunos países indica que la introducción de rasgos genéricos reduce la prevalencia de ciertas operaciones, de forma que no resultan necesarios umbrales adicionales.

5. Véase HMRC (2014), *Disclosure of Tax Avoidance Schemes: Guidance*, 14 de mayo de 2014, p. 40.

6. Véase HMRC (2014), *Disclosure of Tax Avoidance Schemes: Guidance*, 14 de mayo de 2014, p. 46.

7. Canadá cuenta con dos tipos de regímenes de declaración obligatoria: el régimen del refugio fiscal y el régimen de declaración de operaciones de elusión fiscal (RTAT, del inglés Reporting of Tax Avoidance Transactions). El régimen del refugio fiscal que se introdujo en 1989 tiene un alcance limitado dado que sólo incluye los mecanismos de donación y la adquisición de bienes. Así pues, pese a que ha sido efectivo en el suministro de información de forma oportuna, la norma no abarca otros muchos mecanismos de elusión fiscal. El nuevo régimen de declaración obligatoria, promulgado en 2013, está concebido para la declaración de los mecanismos de elusión fiscal que no quedaban recogidos en el régimen del refugio fiscal.

8. Para más información, véase la Nota 2006-6, 2006-5 I.R.B. 385: www.irs.gov/pub/irs-irbs/irb06-05.pdf (acceso 17 de junio de 2015).

9. Puede suceder asimismo que el contribuyente decida, en última instancia, no reclamar las ventajas fiscales abusivas o agresivas en su declaración de impuestos.

10. Los números de referencia para estructuras pueden tener menos importancia cuando existe una obligación doble de declaración, tanto para el promotor como para el contribuyente, como sucede en Estados Unidos. El hecho de que tanto contribuyentes como promotores/asesores materiales declaren en Estados Unidos también puede reducir la dependencia de las listas de clientes. Los números de referencia de las estructuras y las listas de clientes resultan más esenciales en el contexto de un régimen que imponga la obligación principal de declarar al promotor y sólo exija la declaración del usuario en un reducido número de circunstancias. Otra ventaja de la obligación doble de declaración es la posibilidad del cotejo.

11. Con arreglo al régimen de declaración obligatoria sudafricano, se emite un número de referencia a los contribuyentes, que tienen que declarar que han participado en una operación sujeta a declaración e incluir el número de referencia en sus declaraciones anuales. Sin embargo, el régimen sudafricano no utiliza una lista de clientes.

12. Las autoridades tributarias irlandesas deberán asignar un número único a toda operación sujeta a declaración que se inicie después del 23 de octubre de 2014 (capítulo 3 de la Parte 33 de la Taxes Consolidation Act (modificada por la Finance Act 2014)).

13. Cabe destacar que el secreto profesional no cubre las listas de clientes.

14. El "periodo inicial" comienza en el primer día tras el cierre del periodo en el que debería haber sido declarada la estructura y termina en la primera de las fechas siguientes: el día que el Tribunal impone la sanción o el día anterior a la fecha en que se declare la estructura.

15. La modificación del régimen sancionador en 2010 se aplica a las sanciones impuestas desde el 31 de diciembre de 2006. Antes de la modificación, un contribuyente que no declarara una operación catalogada estaba sujeto a una sanción fija de 100 000 USD, en el caso de una persona física, o de 200 000 USD en cualquier otro caso. Un contribuyente que no declarara una operación sujeta a declaración que no fuera una operación catalogada estaba sujeto a una sanción fija de 10 000 USD, en el caso de una persona física, o de 50 000 USD en cualquier otro caso.

16. https://www.gov.uk/government/consultations/strengthening-the-tax-avoidance-disclosure-regimes (acceso 14 de junio de 2015).

17. Pueden encontrarse formularios de declaración en los siguientes vínculos:.
    - Reino Unido: https://www.gov.uk/forms-to-disclose-tax-avoidance-schemes (acceso 17 de junio de 2015).
    - Estados Unidos: www.irs.gov/pub/irs-pdf/f8918.pdf, www.irs.gov/pub/irs-pdf/f8886.pdf (acceso 17 de junio de 2015).
    - Irlanda: www.revenue.ie/en/practitioner/law/mandatory-disclosure.html (acceso 17 de junio de 2015).
    - Sudáfrica: www.sars.gov.za/AllDocs/OpsDocs/SARSForms/RA01%20-%20Reporting%20Reportable%20Arrangements%20-%20External%20Form.pdf (acceso 17 de junio de 2015).
    - Canadá: www.cra-arc.gc.ca/E/pbg/tf/rc312/rc312-13e.pdf, www.cra-arc.gc.ca/E/pbg/tf/t5001/t5001-14e.pdf (acceso el 17 de junio de 2015).

18. En el Reino Unido existe una disposición de este tipo que se aplica cuando hay sospechas de que una persona está actuando como presentador de una estructura que debiera haber sido declarada, pero no lo ha sido.

19. Spotlight puede consultarse en: https://www.gov.uk/government/publications/tax-avoidance-schemes-currently-in-the-spotlight (acceso 17 de junio de 2015).

20. Tax Alert puede consultarse en: www.cra-arc.gc.ca/nwsrm/lrts/menu-eng.html (acceso el 17 de junio de 2015).

21. Puede consultarse una recopilación actualizada de operaciones catalogadas en: www.irs.gov/Businesses/Corporations/Listed-Transactions (acceso el 17 de junio de 2015).

22. En la siguiente dirección figuran vínculos a operaciones de interés: www.irs.gov/Businesses/Corporations/Transactions-of-Interest---Not-LMSB-Tier-I-Issues (acceso el 17 de junio de 2015).

Bibliografía

HMRC (2014), *Disclosure of Tax Avoidance Schemes: Guidance*, 14 de mayo de 2014, https://www.gov.uk/government/uploads/system/uploads/attachment_data/file/341960/dotas-guidance.pdf (acceso el 17 de junio de 2015)

Irish Revenue Commissioners (2011), Guidance Notes on Mandatory Disclosure Regime, enero de 2015, www.revenue.ie/en/practitioner/law/notes-for-guidance/mandatory-disclosure/ (acceso el 17 de junio de 2015).

Capítulo 3

Estructuras de tributación internacional

223. Parte del trabajo que requiere la Acción 12 consiste en estudiar cómo se puede conseguir que la declaración obligatoria sea más efectiva en el contexto internacional. En la Acción 12 se pide de forma explícita formular recomendaciones para la declaración obligatoria de estructuras de tributación internacional y estudiar una definición amplia de "beneficio fiscal" que permita englobar este tipo de estructuras.

224. El trabajo realizado a tenor de la Acción 12 persigue dotar a los países de una herramienta adicional para hacer frente a la erosión de la base imponible y el traslado de beneficios (BEPS) proporcionando a las administraciones tributarias información en tiempo real sobre la planificación fiscal internacional. Como se ha indicado en el capítulo 2, uno de los principales puntos fuertes de la declaración obligatoria es su capacidad para ofrecer a las administraciones tributarias información actual, exhaustiva y pertinente sobre el comportamiento real de los contribuyentes. Estas ventajas son especialmente importantes en el contexto de las estructuras transfronterizas, ya que las administraciones tributarias podrían tener en otro caso muchas dificultades para obtener información sobre la realidad de una estructura o una imagen completa de sus consecuencias globales en sentido económico y fiscal. Sin embargo, el reto es desarrollar requisitos de declaración con un enfoque acertado y que capten la información clave que las administraciones tributarias necesitan para tomar decisiones políticas bien fundamentadas, evitando al mismo tiempo un exceso de declaraciones o la imposición de indebidas cargas de cumplimiento a los contribuyentes.

225. En este capítulo se identifican algunas de las diferencias más notables entre las estructuras nacionales e internacionales que dificultan abordar estas últimas desde el punto de vista de la declaración. Seguidamente, se formulan una serie de recomendaciones de los elementos que podrían introducirse en los regímenes de declaración obligatoria para aumentar su efectividad a la hora de centrarse en la planificación fiscal internacional.

Aplicación de las normas de declaración existentes

Definición de la estructura sujeta a declaración

226. En principio, no hay nada que impida aplicar los regímenes de declaración obligatoria a las estructuras internacionales. Los regímenes de declaración existentes exigen que se declare una estructura cuando cumple el requisito del umbral y sus características concretas concuerdan con cualquiera de los rasgos distintivos. Los rasgos distintivos que se utilizan actualmente en los regímenes de declaración obligatoria no suelen discriminar entre las estructuras completamente nacionales y las que tienen un componente internacional, y algunas jurisdicciones también prevén rasgos distintivos específicamente orientados a las estructuras internacionales o permiten identificar por separado cualquier operación internacional conforme a sus normas.

227. A pesar de ello, varios países con regímenes de declaración obligatoria indican que, en la práctica, el número de declaraciones de estructuras internacionales que reciben es comparativamente menor. El motivo de que este número de declaraciones sea menor parece ser consecuencia parcialmente del modo en que se articulan las estructuras internacionales y del enfoque adoptado por estos regímenes a la hora de formular los requisitos para declarar una estructura sujeta a declaración.

228. Las estructuras internacionales suelen generar múltiples beneficios fiscales para distintas partes en diferentes jurisdicciones y las ventajas fiscales que resultan a nivel nacional de una estructura internacional podrían ser imperceptibles si se observan de forma aislada del resto del mecanismo en su conjunto. Por el carácter ambiguo de los beneficios fiscales derivados de la planificación fiscal transfronteriza, los regímenes de declaración que se centran exclusivamente en las consecuencias fiscales nacionales para los contribuyentes nacionales, prescindiendo de la imagen global, pueden no captar muchos tipos de planificación fiscal transfronteriza.

229. Como se indica en el capítulo 2, algunos regímenes de declaración supeditan la declaración de una estructura al cumplimiento de un umbral formal (como la prueba del *beneficio principal* o de la *elusión fiscal*). Este umbral puede ser difícil de aplicar en el contexto de estructuras transfronterizas que producen consecuencias fiscales en diversas jurisdicciones. Estas estructuras pueden no cumplir el umbral de declaración si el contribuyente puede demostrar que el valor de cualquier beneficio fiscal nacional ha sido secundario en comparación con los beneficios fiscales comerciales e internacionales de la operación en su conjunto. En determinados casos, los beneficios fiscales internacionales de una estructura transfronteriza pueden incluso revertir en el contribuyente en su jurisdicción de declaración en forma de menor coste del capital o mayor rendimiento. De este modo, el beneficio fiscal para una contraparte extranjera en una jurisdicción extranjera se convierte en una ventaja comercial para el contribuyente en la jurisdicción donde declara, reduciendo así aún más la importancia global de los beneficios fiscales nacionales de la operación.

230. Las estructuras de planificación fiscal internacional a menudo están incorporadas a operaciones comerciales más amplias como adquisiciones, refinanciaciones o reestructuraciones. En algunas estructuras se da una tendencia a la personalización, de forma que sean específicas para el contribuyente y la operación, por lo que no se promueven de forma generalizada del mismo modo que las estructuras comercializadas a escala nacional. Por tanto, puede resultar difícil abordar estas estructuras mediante rasgos genéricos centrados principalmente en las estructuras promovidas que pueden ser fácilmente replicadas y vendidas a un gran número de contribuyentes. Algunos países abordan estos tipos más especializados de planificación fiscal utilizando rasgos genéricos más amplios, como la prueba hipotética de la existencia de una comisión muy elevada que se aplica en el Reino Unido e Irlanda, que abarca los mecanismos cuya planificación fiscal es lo suficientemente innovadora como para que un promotor *pueda* percibir una alta comisión por ella. Sin embargo, estos países normalmente limitan la aplicación de dichos rasgos en función de un umbral que excluye a las estructuras diseñadas con el fin principal de generar beneficios fiscales nacionales.

231. Por lo general, los rasgos específicos serán el método más efectivo de centrarse en las estructuras transfronterizas que plantean riesgos de política o recaudación fiscal en la jurisdicción donde se declara. Algunos de los rasgos específicos que se utilizan actualmente en los regímenes de declaración obligatoria (por ejemplo, arrendamientos financieros, estructuras de transformación de rentas) pueden aplicarse por igual en el contexto nacional e internacional. Asimismo, países como Estados Unidos, Sudáfrica y Portugal también han desarrollado rasgos específicos que apuntan a las operaciones internacionales.

232. Uno de los retos del diseño de un rasgo específico es formular una definición que sea lo suficientemente amplia como para englobar una serie de técnicas de planificación fiscal y lo suficientemente restrictiva como para evitar un exceso de declaraciones. Un enfoque para tratar esta cuestión consiste en centrarse en los tipos de *resultados* BEPS que suscitan preocupación desde el punto de vista de la política fiscal, en lugar de apuntar a las técnicas que se utilizan para lograrlos. La identificación de una estructura internacional a la luz de un resultado específico y la técnica general utilizada a estos efectos puede considerarse similar al enfoque estadounidense que extiende las obligaciones de declaración a las operaciones "sustancialmente similares" (es decir, a las operaciones que se espera que tengan consecuencias idénticas o similares a una operación catalogada y que se basan en una estrategia idéntica o similar).

Identificación de las personas que deben declarar

233. Una jurisdicción sólo debería exigir la declaración de una estructura internacional cuando ésta tenga una relación significativa con esa jurisdicción (esto es, cuando la estructura tenga consecuencias fiscales a nivel nacional para un contribuyente nacional). Un régimen de declaración obligatoria debe evitar imponer obligaciones de declaración a personas que no están sujetas a impuestos en la jurisdicción de declaración o a asesores o intermediarios que no presten asesoramiento o servicios en relación con los contribuyentes u operaciones nacionales. Ello significa que un régimen de declaración obligatoria sólo deberá aplicarse a los contribuyentes nacionales y a sus asesores, y únicamente en relación con las estructuras que produzcan un impacto sustancial en los resultados fiscales nacionales en la jurisdicción de declaración. Limitar de este modo las declaraciones permite asegurar que no se impongan obligaciones de declaración en circunstancias en las que las autoridades fiscales tendrían reducida capacidad práctica para exigir su cumplimiento.

234. Una vez establecida la capacidad para exigir la declaración, habrá que considerar cómo cumpliría un contribuyente en la jurisdicción de declaración los requisitos de información complementaria sobre estructuras de tributación internacional. El mero hecho de que una estructura internacional tenga consecuencias a nivel nacional para un contribuyente no significa que el contribuyente tenga conocimiento de los elementos de la estructura en el extranjero o que esté en posición de entender debidamente sus efectos. Al mismo tiempo, no se debería enmarcar las obligaciones de declaración de tal forma que el contribuyente se sintiera impulsado a ignorar deliberadamente los aspectos internacionales de una estructura simplemente para evitar la declaración.

Descripción de la información que hay que declarar

235. Una vez nacida la obligación de declarar, sigue planteándose la cuestión de qué información se tiene que declarar. Aunque sólo debería exigirse a los contribuyentes declarar información que sea de su conocimiento, esté en su posesión o se encuentre bajo su control, cabe esperar de ellos que soliciten información sobre la operación y el efecto de una estructura intragrupo al resto de los miembros del grupo.

Recomendación sobre un enfoque alternativo en el diseño de un régimen de declaración obligatoria para estructuras de tributación internacional

236. Por los motivos antes expuestos, se recomiendan los siguientes elementos de diseño a fin de mejorar la forma en que un régimen de declaración obligatoria aborda la planificación fiscal transfronteriza:

- suprimir el requisito de umbral para las estructuras transfronterizas;
- desarrollar rasgos distintivos que se centren en los riesgos en materia de BEPS que plantean las estructuras transfronterizas, y que tengan amplitud suficiente como para captar técnicas de planificación fiscal distintas e innovadoras (resultados transfronterizos);
- una definición amplia de estructura sujeta a declaración que comprenda cualquier mecanismo que incorpore una operación relevante con un contribuyente nacional y que produzca resultados transfronterizos.
- evitar imponer cargas indebidas a los contribuyentes o a sus asesores, exigiendo realizar la declaración únicamente en los casos en que pueda razonablemente esperarse que el contribuyente nacional o su asesor tengan conocimiento de los resultados transfronterizos del mecanismo;
- exigir al contribuyente nacional o a su asesor declarar a la administración tributaria toda información relevante sobre la estructura que sea de su conocimiento, esté en su posesión o se encuentre bajo su control;
- imponer al contribuyente nacional, en el momento de celebrar una operación relevante con un miembro del grupo, la obligación de:
    - efectuar indagaciones razonables acerca de si el mecanismo que dio lugar a la operación incorpora un resultado transfronterizo recogido en un rasgo distintivo establecido con arreglo a la letra b) anterior;
    - notificar a la administración tributaria en caso de que:
        - el miembro del grupo no facilite la información pertinente sobre el mecanismo;
        - la información sobre el mecanismo sea inadecuada o incompleta;
        - se produzca una demora injustificada en el suministro de dicha información.

A continuación se recoge una explicación más detallada donde se enuncian los elementos clave de este enfoque.

Inexistencia del requisito de umbral

237. La función de un requisito de umbral es filtrar y descartar declaraciones irrelevantes y reducir la carga administrativa y de cumplimiento, centrándose sólo en operaciones realizadas por motivos fiscales que probablemente plantearán los mayores riesgos en materia de recaudación y política fiscal.

238. Sin embargo, los rasgos distintos correspondientes a las estructuras internacionales (que se exponen más abajo) sólo se dirigen a los mecanismos que producen resultados transfronterizos, que presentan especial interés para una administración tributaria, y sólo exigen declarar tales mecanismos en caso de que supongan un riesgo sustancial, a efectos de recaudación tributaria, para la jurisdicción de la declaración. Siempre que los nuevos

rasgos ofrezcan una descripción precisa de los tipos de resultados fiscales que preocupan a la administración tributaria y siempre que los umbrales de relevancia se fijen en niveles que eviten el exceso de declaraciones, no debería ser necesario aplicar un requisito de umbral para descartar declaraciones irrelevantes o no significativas.

Nuevos rasgos distintivos basados en la identificación de los resultados fiscales transfronterizos

239. La forma más directa de tratar las estructuras transfronterizas consiste en que la administración tributaria establezca rasgos distintivos que se centren en las clases de técnicas de erosión de la base imponible y traslado de beneficios que suscitan riesgos de política o recaudación fiscal (resultados transfronterizos). Los resultados transfronterizos comprenden los tipos de estructuras señaladas en el Plan de Acción BEPS (OCDE, 2013) (por ejemplo, mecanismos híbridos y de búsqueda del convenio más favorable) y pueden comprender otros resultados fiscales transfronterizos que se sabe que plantean riesgos sustanciales de deterioro de la base imponible en la jurisdicción de declaración. Pueden incluir, por ejemplo:

- Mecanismos que generan un conflicto en cuanto a la propiedad de un activo con el resultado de que contribuyentes de distintas jurisdicciones reclamen una desgravación fiscal por la amortización del mismo activo o reclamen deducción por doble imposición con respecto al mismo elemento de rentas.
- Pagos transfronterizos deducibles efectuados a miembros del mismo grupo que no residan a efectos fiscales en ninguna jurisdicción o que sean residentes en una jurisdicción que no exija el impuesto sobre beneficios.
- Operaciones que den lugar a una deducción o desgravación equivalente derivada de una transferencia supuesta o efectiva de valor a efectos fiscales, cuyo tratamiento no tenga consecuencias fiscales en la jurisdicción de la contraparte.
- Transmisiones de activos en las que exista una diferencia sustancial en el importe que se considera pagadero como contraprestación del activo.

240. Los rasgos distintivos para estructuras internacionales deben ser *específicos*, identificando resultados fiscales transfronterizos que susciten preocupaciones para la jurisdicción de declaración, y *genéricos*, por cuanto deben definirse en función de sus efectos fiscales globales y englobar cualquier mecanismo diseñado para producir tales efectos, con independencia de la forma en que esté estructurado en la práctica. Esta combinación de elementos genéricos y específicos permitirá a las administraciones tributarias centrarse en los mecanismos de planificación fiscal internacional que plantean mayores preocupaciones de política y recaudación tributarias sin dejar de captar los mecanismos nuevos o innovadores. Además de establecer las descripciones generales de los resultados transfronterizos, la administración tributaria debe ofrecer una lista específica de regímenes y resultados fiscales que no han de declararse conforme a los rasgos distintivos internacionales, con el fin de evitar que se declaren mecanismos conocidos para la administración tributaria y que no se estima que plantean problemas especiales en materia de política fiscal.

241. En el marco de la labor de supervisión de los resultados del proyecto BEPS, los países pueden estudiar si se requieren rasgos adicionales para garantizar que funcionan según lo previsto. Esta labor puede incluir la elaboración de modelos de rasgos distintivos, con miras a minimizar los costes de cumplimiento adicionales que se derivarían en otro caso de que distintos países se ocupen de la misma estructura transfronteriza, duplicando las obligaciones de declaración, cada una de ellas con su propia definición y alcance.

Definición amplia de mecanismo que incluya los resultados fiscales internacionales

242. La definición de "estructura sujeta a declaración" en el contexto internacional debe englobar a todo mecanismo en el que participe un contribuyente nacional siempre que incluya un resultado transfronterizo. Los contribuyentes nacionales deben estar sujetos a la obligación de declarar su participación en dichos mecanismos, aunque no sean parte directa de los resultados transfronterizos. Si se exigiera declarar sólo a los contribuyentes que participaran directamente en los resultados transfronterizos, los planificadores fiscales podrían simplemente servirse de intermediarios y estructuras simétricas para evitar el nacimiento de las obligaciones de declaración nacionales. Del mismo modo, no obstante, una jurisdicción no debería exigir la declaración de mecanismos transfronterizos que no plantean riesgos significativos para la recaudación tributaria de dicha jurisdicción. En consecuencia, un mecanismo que produce un resultado transfronterizo específico sólo debería estar sujeto a declaración si entraña una operación o un pago que tenga un impacto fiscal sustancial en la jurisdicción de declaración.

Mecanismo

243. La definición de *mecanismo* ha de ser suficientemente amplia y sólida para englobar cualquier estructura, plan o acuerdo, así como todas las fases y operaciones que integran el mecanismo y todas las personas que participan en él o se ven afectadas por el mismo. Por ejemplo, en el marco de la financiación de un grupo (o refinanciación), el mecanismo comprendería la operación inicial por la que se introduce un nuevo capital en el grupo y todas las demás medidas y operaciones intragrupo posteriores que explicitan la forma en que se despliega el capital, incluidas las operaciones realizadas en previsión de la financiación o refinanciación o como consecuencia de éstas. En el supuesto de la adquisición de una nueva entidad, el mecanismo comprendería no sólo la adquisición en sí, sino también la financiación de la adquisición y cualquier reestructuración posterior. Aunque la definición de mecanismo ha de interpretarse en sentido amplio, a fin de que englobe cualquier mecanismos que incorpore un resultado transfronterizo con consecuencias fiscales significativas en la jurisdicción de declaración, únicamente han de declararse las operaciones que explicitan los efectos fiscales directos o indirectos del resultado transfronterizo en la jurisdicción de declaración (véase más adelante).

El mecanismo incluye un resultado transfronterizo

244. Todo mecanismo que incorpore un resultado transfronterizo específico estará potencialmente sujeto a declaración. Un régimen de declaración obligatoria para las estructuras intencionales no debe limitar la declaración a dichas estructuras cuando el resultado transfronterizo es el objetivo o uno de los objetivos principales del mecanismo. Para que un mecanismo quede comprendido en el ámbito de aplicación de una norma de declaración obligatoria, será suficiente el hecho de que produzca un resultado transfronterizo, si bien el resultado transfronterizo en sí tendrá que destacarse muy específicamente, de manera que el contribuyente puede determinar fácilmente la existencia de una operación.

El mecanismo incluye una operación con un impacto fiscal significativo

245. El requisito de que el mecanismo comprenda una operación con un *impacto fiscal significativo* en la jurisdicción de declaración garantiza que las estructuras internacionales sólo estén sujetas a declaración en las jurisdicciones en las que produzcan efectivamente repercusiones en la recaudación fiscal.

246. Un mecanismo tendrá impacto fiscal en una jurisdicción de declaración si produce o puede producir el efecto de reducir los impuestos a pagar en dicha jurisdicción. El impacto fiscal ha de ser significativo. El umbral de relevancia ha de ser un importe pecuniario (para incrementar la certeza) y debe fijarse en función de las consecuencias económicas y fiscales de la operación realizada por el contribuyente nacional (o los pagos efectuados por él o a su favor). La relevancia debe medirse a lo largo de toda la duración del mecanismo.

247. Para determinar si una operación produce un impacto fiscal no es necesario realizar una comparación entre las consecuencias fiscales de la operación antes y después de su celebración, sino un análisis directo del impacto económico y fiscal de la operación y de los pagos efectuados en virtud de la misma. Por ejemplo, entre las operaciones o pagos con impacto fiscal pueden citarse el pago de intereses a una parte vinculada extranjera, un pago que pueda acogerse a una deducción prevista en un convenio o la transmisión de un activo generador de ingresos a un no residente. La definición de operación debe para captar operaciones teóricas y supuestas que se reconozcan a efectos fiscales en la jurisdicción de la contraparte, aun cuando dichas operaciones no se traten como si tuvieran consecuencias económicas o fiscales en la jurisdicción de declaración (como en el caso de la transmisión presunta del fondo de comercio).

Contribuyente nacional

248. En este contexto el concepto de *contribuyente nacional* debe incluir a cualquier residente fiscal en la jurisdicción de declaración y a cualquier no residente que esté sujeto a la obligación de declarar el impuesto sobre las rentas que procedan o estén relacionadas con la jurisdicción de declaración.

Limitaciones de la declaración

249. A fin de prevenir que suponga una carga indebida para los contribuyentes, la declaración obligatoria sólo debe exigirse en la jurisdicción de declaración cuando pueda entenderse razonablemente que el contribuyente tenía conocimiento del resultado transfronterizo derivado del mecanismo.

250. Cabe entender razonablemente que una persona tiene conocimiento de un resultado transfronterizo cuando dispone de información suficiente para entender su diseño y valorar sus efectos fiscales. Se incluirá aquí la información obtenida por un contribuyente como consecuencia de la obligación de efectuar indagaciones razonables (que se describe más abajo), si bien, en lo que respecta a las operaciones con partes no vinculadas, no se exigirá que la persona recabe más información que la que podría esperarse que obtuviera en el curso de un proceso ordinario de debida diligencia comercial sobre una operación de esa naturaleza.

Obligaciones de notificación e indagación

251. Únicamente puede esperarse que el contribuyente facilite a la administración tributaria la información que conozca, se encuentre bajo su posesión o control. La información que se encuentra bajo el control de una persona comprende la poseída por sus agentes y entidades controladas. Tal como sucede en el caso de las estructuras nacionales, en la declaración obligatoria no se exige a ninguna persona proporcionar información sometida a obligaciones de reserva o confidencialidad frente a un tercero.

252. Cuando un contribuyente realiza con un miembro del grupo una operación de impacto fiscal significativo, cabe esperar que dicho contribuyente, en el momento de celebrarse la operación, efectúe unas indagaciones razonables sobre ese miembro del grupo para determinar si la operación forma parte de un mecanismo que incluye o incluirá un resultado transfronterizo. En determinados casos, la información sobre la estructura puede estar sujeta a deberes de confidencialidad u otras restricciones que impidan que se facilite a la persona obligada a realizar la declaración. En tales casos, cuando los miembros del grupo no puedan o no deseen facilitar esta información en un plazo razonable, el contribuyente deberá notificar a la administración tributaria el hecho de que:

- Ha efectuado una operación intragrupo con un impacto fiscal significativo.
- Tras realizar indagaciones razonables, no ha podido obtener información sobre si la operación forma parte de un mecanismo que incorpora un resultado transfronterizo.

En la notificación debe figurar toda la información pertinente de la que dispone el contribuyente nacional acerca de la operación intragrupo y las circunstancias que dieron lugar a la misma. Las administraciones tributarias podrían utilizar esta información como base para un requerimiento de información en virtud de los acuerdos de intercambio de información existentes con otras jurisdicciones (por ejemplo, en virtud de un convenio para evitar la doble imposición que contenga una disposición de intercambio de información; la convención multilateral sobre asistencia administrativa mutua o un acuerdo de intercambio de información fiscal).

Obligación de declaración a cargo del asesor material y/o el contribuyente

253. Al igual que en las estructuras nacionales, los países deben determinar si la obligación de declaración de las estructuras internacionales se impone al contribuyente, al promotor o a ambos. Al definir las obligaciones de declaración a cargo del promotor, es preciso tomar en consideración a cualquier persona que sea un asesor material de ese contribuyente o un intermediario en una operación nacional integrada en el mecanismo. Al igual que en las normas sobre declaración obligatoria, resultará importante, a la hora de delimitar el concepto de asesor o intermediario, garantizar que la definición englobe a quienes razonablemente pueda entenderse que conocen las consecuencias fiscales del mecanismo, si bien excluyendo a los asesores o intermediarios que no sean conscientes del resultado transfronterizo o de las operaciones nacionales que propician la aplicación de las normas sobre declaración obligatoria de la jurisdicción de declaración.

Información requerida

254. La información cuya declaración deber exigirse en relación con las estructuras fiscales internacionales será similar que en el caso de las estructuras nacionales. Ha de incluirse información acerca del mecanismo en la medida en que sea pertinente para el impacto fiscal en la jurisdicción de declaración, haciendo constar las disposiciones fundamentales de la legislación extranjera que sean pertinentes para el resultado transfronterizo.

255. En el marco de la labor de supervisión de los resultados del proyecto BEPS, los países pueden analizar si cabe normalizar la información exigida para las estructuras internacionales, con objeto de minimizar los costes de cumplimiento que se deriven de la duplicación de las obligaciones de declaración impuestas por distintas jurisdicciones con respecto a la misma estructura.

Ejemplo – Mecanismo híbrido importado intragrupo

256. El siguiente ejemplo, que se toma de los hechos descritos en el ejemplo 8.2 del informe titulado *Neutralizar los efectos de los mecanismos híbridos* (Informe sobre mecanismos híbridos, OCDE, 2015), ilustra el modo en que las recomendaciones relativas a la declaración de estructuras internacionales pueden aplicarse a un mecanismo híbrido importado.

257. En este ejemplo, E Co, una sociedad residente fiscal en el país E, es una filial operativa del grupo ABCDE. E Co fabrica equipos industriales para su venta a clientes terceros. Las operaciones que E Co realiza con otros miembros del grupo consisten principalmente en los pagos que E Co efectúa por servicios intragrupo. La estructura del grupo se expone en el siguiente gráfico.

Gráfico 3.1. **Mecanismo híbrido importado intragrupo**

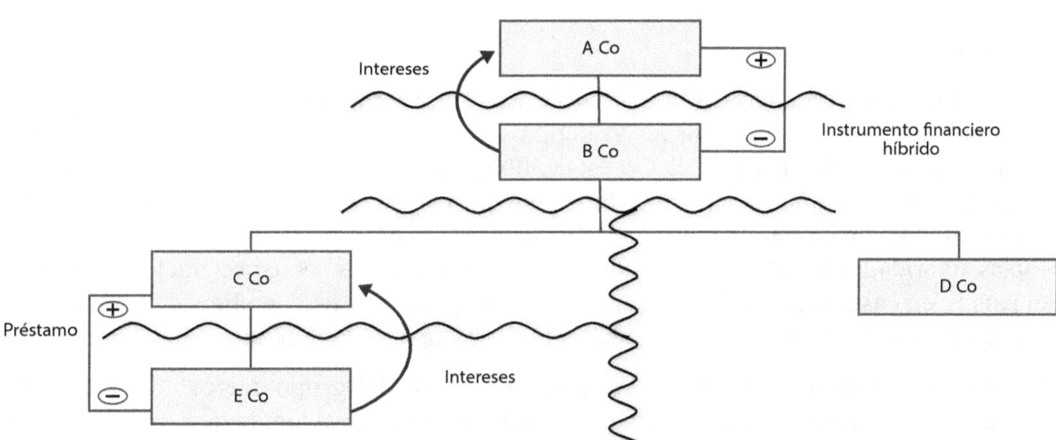

258. A Co, sociedad residente fiscal en el país A, es la sociedad matriz del grupo. A Co es titular de todas las acciones de B Co, una sociedad de cartera que reside a efectos fiscales en el país B. B Co es titular de la totalidad de las acciones de C Co y D Co, que son residentes fiscales en los países C y D respectivamente. E Co es una filial al cien por cien de C Co.

259. B Co es responsable de gestionar las operaciones de financiación del grupo y solicita y concede préstamos con regularidad a otros miembros del grupo. En el marco de estas operaciones de financiación, B Co obtiene un préstamo de A Co en virtud de un instrumento financiero híbrido. Dado que los pagos de intereses sobre el instrumento financiero híbrido son deducibles por B Co pero no se incluyen en sus ingresos ordinarios con arreglo a la legislación del país A, existe una deducción/no inclusión (resultado D/NI). C Co recapitaliza a E Co mediante financiación adicional vía deuda aproximadamente en la misma fecha en que B Co obtiene un préstamo de A Co al amparo del instrumento financiero híbrido.

260. El país E ha adoptado las recomendaciones relativas a la declaración obligatoria de estructuras fiscales internacionales. El resultado D/NI que se deriva de un instrumento financiero híbrido es considerado un resultado transfronterizo que ha de declararse conforme al régimen de declaración obligatoria del país E. Cabe esperar que E Co también haya introducido las recomendaciones expuestas en el Informe sobre mecanismos híbridos (OCDE, 2015), en particular las referentes a los mecanismos híbridos importados.

La norma sobre mecanismos híbridos importados neutralizará el efecto de cualquier resultado D/NI derivado de un mecanismo híbrido que se importe al país E a través de pagos de intereses sobre el préstamo a C Co. Sin embargo, tal como se explica más abajo, el país E puede estar interesado en garantizar que la norma sobre mecanismos híbridos importados se está aplicando correctamente y en supervisar la eficacia de las normas sobre mecanismos híbridos en el tratamiento del riesgo indirecto que plantean tales mecanismos a la base imponible del país E.

Pregunta

261. ¿El mecanismo de financiación acordado entre A Co y B Co es una estructura sujeta a declaración con arreglo a la legislación del país E? ¿Qué obligaciones de presentación de información han de imponerse a E Co teniendo en cuenta que no es parte directa en ningún mecanismo híbrido?

Respuesta

262. Si los pagos de intereses por parte de E Co conforme al préstamo intragrupo son deducibles con arreglo a la legislación del país E, y la cuantía de dichas deducciones es significativa a efectos fiscales, E Co estará obligada a efectuar indagaciones razonables en torno al mecanismo general que dio lugar a la recapitalización y acerca de si esos mecanismos incluyen un resultado transfronterizo. E Co estará obligada a notificar a sus propias autoridades tributarias, de conformidad con las normas sobre declaración obligatoria del país E, en caso de que la información facilitada por los otros miembros del grupo a raíz de una petición de ese tipo sea inadecuada, incompleta o se demore injustificadamente.

263. La información proporcionada por los miembros del grupo acerca del mecanismo general y el resultado transfronterizo puede activar una obligación de declaración a cargo de E Co y de cualquier asesor material, si se deduce que la recapitalización forma parte del mismo mecanismo que dio lugar al instrumento híbrido.

Análisis

El resultado D/NI derivado del instrumento financiero híbrido es un resultado transfronterizo

264. El resultado D/NI que se deriva de un instrumento financiero híbrido es considerado un resultado transfronterizo conforme al régimen de declaración obligatoria del país E. No es necesario que E Co participe directamente en el resultado D/NI para que nazcan las obligaciones de declaración con arreglo a la legislación del país E. En efecto, en este caso, si E Co hubiera sido parte en el instrumento financiero híbrido, el desajuste en los resultados fiscales habría sido neutralizado con arreglo a las normas del país E en la materia y no existiría ningún resultado transfronterizo que E Co tuviera que comunicar en virtud del régimen de declaración obligatoria.

Es probable que el resultado transfronterizo y la recapitalización de E Co formen parte de un mecanismo más general

265. C Co proporciona financiación adicional vía deuda a E Co aproximadamente en la misma fecha que B Co obtiene un préstamo de A Co al amparo del instrumento financiero híbrido. Los hechos de este ejemplo no aportan información suficiente para determinar si la

recapitalización de E Co forma parte del mismo mecanismo que el instrumento financiero híbrido; sin embargo, tomando la definición amplia de *mecanismo* y el hecho de que ambas transacciones financian operaciones que tuvieron lugar en un marco temporal similar, puede ser razonable inferir, a falta de pruebas en contrario, que ambas operaciones forman parte en efecto del mismo mecanismo.

La recapitalización de E Co hace nacer las obligaciones de notificación e indagación

266. En ciertos casos, un miembro del grupo como E Co no conoce la existencia de un mecanismo de financiación más amplio o que incluya un resultado transfronterizo. Así sucede en particular en el contexto de las filiales operativas, como E Co, en el que las operaciones con otros miembros del grupo entrañan principalmente realizar pagos (deducibles) por servicios intragrupo.

267. Las normas sobre declaración obligatoria del país E imponen obligaciones de notificar y realizar indagaciones razonables a los contribuyentes que efectúen con miembros del grupo operaciones con un impacto significativo o que es probable que tengan un impacto significativo sobre los impuestos a pagar con arreglo a la legislación del país E. En consecuencia, si la operación de recapitalización da lugar a pagos sustanciales de intereses deducibles a favor de un miembro del grupo, E Co estará obligada a efectuar unas indagaciones razonables acerca de si la recapitalización forma parte de un mecanismo que incluye o incluirá un resultado transfronterizo. Si los miembros del grupo no pueden o no desean facilitar dicha información en un plazo razonable, E Co estará obligada a notificar a la administración tributaria que no puede obtener más información en torno a los mecanismos que dieron lugar a la refinanciación.

Las obligaciones de notificación e indagación no nacen si el pago de intereses está sujeto a un ajuste pleno con arreglo a las normas sobre mecanismos híbridos importados

268. Como se ha explicado, en la normativa sobre mecanismos híbridos existe un precepto que persigue proteger la integridad de dicha normativa, impidiendo a los contribuyentes diseñar un mecanismo híbrido extranjero (como un resultado D/NI derivado de un instrumento financiero híbrido) para a continuación importar sus efectos a la jurisdicción nacional a través de un instrumento no híbrido, como un préstamo ordinario.

269. En este caso, la norma sobre mecanismos híbridos importados puede operar en el sentido de denegar a E Co la deducción del importe íntegro de los intereses abonados por el préstamo. De ser así, los pagos de intereses efectuados a C Co no tendrán un impacto fiscal significativo en el país E y, en consecuencia, E Co no estará obligada a realizar indagaciones adicionales en torno a los mecanismos que dan lugar al préstamo ni a efectuar ninguna declaración en virtud de las normas sobre declaración obligatoria del país E. Como se explica con mayor detalle en el Informe sobre instrumentos híbridos, pueden existir diversas razones, sin embargo, por las que los pagos de intereses a favor de C Co no están sujetos a un ajuste pleno con arreglo a la norma sobre mecanismos híbridos importados. Entre tales razones se encuentran las siguientes:

- El instrumento financiero híbrido se adopta en el marco de un mecanismo estructurado en el que participa un contribuyente de otra jurisdicción y el desajuste de los resultados fiscales queda totalmente neutralizado por el ajuste practicado conforme a las normas en la materia de esa jurisdicción.

- El país C ha adoptado asimismo normas sobre mecanismos híbridos, de forma que no surgen desajustes en las circunstancias de este caso.
- La cuantía de los gastos de intereses soportados por E Co en virtud del préstamo supera las deducciones derivadas del instrumento financiero híbrido o los pagos imponibles realizados por C Co a favor de B Co.

270. En todos estos supuestos, el país E tiene interés en asegurar la aplicación correcta de la norma sobre mecanismos híbridos importados y en supervisar la eficacia de dichas normas a la hora de mitigar los riesgos indirectos que tales mecanismos plantean a la base imponible del país E. En consecuencia, la norma de declaración seguirá aplicándose cuando, tras los efectos de la norma sobre mecanismos híbridos importados, la cuantía de los intereses deducibles abonados por E Co a C Co sea superior a los umbrales de relevancia fijados en la legislación del país E.

La declaración sólo es obligatoria cuando pueda entenderse razonablemente que E Co conoce el mecanismo y el resultado transfronterizo

271. El régimen de declaración obligatoria del país E sólo se aplicará cuando pueda entenderse razonablemente que E Co conoce el resultado transfronterizo derivado del mecanismo de financiación. Cabe entender razonablemente que una persona tiene conocimiento de un mecanismo cuando dispone de información suficiente para entender su diseño y valorar sus efectos fiscales globales. A efectos del nacimiento de la obligación de declarar, se tendrá en cuenta también la información obtenida por E Co mediante las indagaciones razonables antes mencionadas.

Obligación de declaración a cargo del asesor material y/o el contribuyente

272. En cuanto a las estructuras fiscales nacionales, se exigirá la declaración de la recapitalización a los asesores materiales de E Co y/o al contribuyente (E Co).

Información que debe declararse

273. E Co y sus asesores deben estar obligados a declarar información sobre el mecanismo y el resultado transfronterizo (incluidas las disposiciones fundamentales de la legislación extranjera pertinentes para dicho resultado) y el impacto fiscal directo o indirecto del mecanismo y del resultado transfronterizo sobre la situación fiscal de E Co. En el caso de un mecanismo híbrido importado, se incluirá el cálculo de los ajustes requeridos por la norma sobre mecanismos híbridos importados.

274. Con objeto de evitar costes de cumplimiento innecesarios, el contribuyente no deberá estar obligado a duplicar la declaración de información que ya haya sido presentada plena y exactamente en virtud de otra obligación nacional de información. Por ejemplo, las normas sobre declaración obligatoria deben permitir a un contribuyente incorporar, por remisión, información relativa a acuerdos previos de valoración de precios de transferencia y otras resoluciones en materia fiscal que se hayan facilitado o proporcionado a un país al amparo de la Acción 13.

275. En determinados casos, la información sobre el mecanismo puede encontrarse en el extranjero y puede estar sujeta a obligaciones de confidencialidad u otras restricciones que impidan que se facilite a la persona que está obligada a realizar la declaración. En estos casos, el declarante deberá certificar a la administración tributaria, en el marco de las obligaciones de declaración, que se ha solicitado dicha información a la parte pertinente.

Bibliografía

OCDE (2015), *Neutralizar los efectos de los mecanismos híbridos*, Publicaciones de la OCDE, París.

OCDE (2013), *Plan de acción contra la erosión de la base imponible y el traslado de beneficios*, Publicaciones de la OCDE, París, http://dx.doi.org/10.1787/9789264207813-es.

Capítulo 4

Intercambio de información

Evolución del intercambio de información

276. La OCDE cuenta con una dilatada trayectoria en la promoción de la cooperación fiscal y el intercambio de información entre administraciones tributarias. Un importante avance hacia una mayor transparencia fiscal se produjo en el año 2009, al convertirse el intercambio de información en norma internacional, previa petición. Ese fue también el año en que el Foro Global sobre la Transparencia y el Intercambio de Información con Fines Fiscales, tras su reestructuración, empezó a supervisar la aplicación de la norma mediante profundas revisiones entre pares. En 2014 se dio un salto adelante en materia de transparencia fiscal internacional, con la aprobación de la *Standard for Automatic Exchange of Financial Information in Tax Matters* (Norma de intercambio automático de información financiera en materia fiscal; OCDE, 2014).

277. La base legal del intercambio de información se establecerá en acuerdos bilaterales o multilaterales entre las jurisdicciones, que se fundamentarán en general en modelos como el artículo 26 del Modelo de Convenio Tributario sobre la Renta y sobre el Patrimonio de la OCDE (OCDE Modelo de Convenio Tributario, OCDE, 2010a) y el *Acuerdo sobre Intercambio de Información en Materia Tributaria* (OCDE, 2002). *El Convenio Multilateral de Asistencia Administrativa Mutua en Materia Fiscal, modificado por el Protocolo de 2010* (Convenio Multilateral, OCDE, 2010) ofrece una base independiente para el intercambio de información. Este Convenio Multilateral prevé todas las formas posibles de cooperación administrativa entre Estados y establece normas estrictas en materia de confidencialidad y uso adecuado de la información. El 1 de julio de 2015, participan 87 jurisdicciones en el Convenio Multilateral,[1] entre ellas todos los países del G20.

Transparencia e intercambio de información en el Plan de Acción

278. En el Plan de Acción se reconoce la necesidad de una mayor transparencia e intercambio de información. La globalización ha propiciado un desplazamiento desde los modelos operativos específicos para un país a los modelos mundiales de negocios, con cadenas de suministro integradas y una centralización de las funciones esenciales a nivel regional o global. Del mismo modo que estos modelos generan riesgos de BEPS, también dificultan la labor de la administración tributaria local. Los países reconocen los esfuerzos para que estas empresas tributen en las jurisdicciones adecuadas y que por los importes correctos de ingresos y beneficios no pueden tener éxito sin la cooperación y colaboración internacionales.

279. En el Plan de Acción, diversas medidas de transparencia contienen obligaciones relativas al intercambio de información. El marco de transparencia elaborado por el Foro sobre Prácticas Fiscales Nocivas en el contexto de la labor desarrollada sobre la Acción 5 exige un intercambio espontáneo y obligatorio de información con respecto a las consultas que pueden generar, de no existir tal intercambio, generaría preocupaciones en materia de BEPS. Dicho marco establece un proceso en dos pasos; en el primer paso se proporciona a otra autoridad tributaria cierta información básica sobre la consulta y a quién se refiere, con arreglo al instrumento jurídico regulador; en el segundo paso, la autoridad tributaria destinataria puede solicitar información adicional si resulta previsiblemente pertinente para los asuntos fiscales del contribuyente.

280. Las orientaciones relativas a la documentación de precios de transferencia, publicadas al amparo de la Acción 13, exigen también a las empresas multinacionales facilitar a las administraciones tributarias información global de alto nivel sobre sus operaciones empresariales mundiales y políticas de precios de transferencia. En las orientaciones se establece un enfoque estandarizado en tres niveles para la documentación de precios de transferencia. Dicho enfoque estandarizado consistente en: *(i)* el archivo maestro, que recoge información estandarizada correspondiente a todos los miembros del grupo multinacional; *(ii)* el archivo local que se refiere específicamente a las operaciones significativas del contribuyente local; y *(iii)* el informe país por país, que contiene cierta información acerca de la distribución mundial de los beneficios y los impuestos pagados, junto con determinados indicadores de la ubicación de la actividad económica dentro del grupo multinacional. En el informe consolidado sobre la Acción 13 (OCDE, 2015) se recogen orientaciones sobre la aplicación de la documentación de precios de transferencia y los informes país por país.

Expansión y reorganización del Centro JITSIC bajo los auspicios del FTA

281. Ante la importancia de la mejora de la transparencia y la cooperación internacional en la lucha contra el BEPS, y a la vista de los avances en materia de intercambio de información, el Foro sobre Administración Tributaria (FTA) celebró la primera reunión del Centro de Colaboración e Información Conjunta sobre Refugios Tributarios Internacionales (Centro JITSIC, por sus siglas en inglés) en París los días 4 y 5 de marzo de 2015.

282. El Centro JITSIC es una plataforma internacional, a la que pueden adherirse voluntariamente las administraciones tributarias, y ofrece la oportunidad de potenciar las relaciones a fin de propiciar la cooperación y colaboración bilateral y multilateral, sobre la base de los instrumentos jurídicos vigentes. Se exhorta a los miembros del Centro JITSIC a intercambiar a iniciativa propia y de forma temprana información acerca de los riesgos fiscales emergentes que previsiblemente puedan ser relevantes para los miembros del Centro. Entre dicha información podría incluirse la obtenida en virtud de un régimen de declaración obligatoria. El intercambio temprano de información no sólo es importante para hacer frente a los riesgos de recaudación tributaria suscitados por la planificación fiscal agresiva, sino que también se considera un factor propiciador de una cooperación y colaboración más estrechas e intensas.

283. El Centro JITSIC ofrece una serie de ventajas con respecto a las modalidades más tradicionales de cooperación bilateral.

Compromiso activo de compartir información

284. La pertenencia al Centro JITSIC supone el compromiso activo de compartir más información, intercambiar a iniciativa propia datos previsiblemente relevantes y centrarse en los intercambios multilaterales de información. El Centro JITSIC brinda asimismo a las autoridades tributarias la oportunidad de aprovechar la experiencia, recursos y conocimientos técnicos de una serie de administraciones tributarias diferentes a fin de abordar cuestiones que suscitan la preocupación común.

Designación de un punto de contacto único

285. Cuando un país se adhiere al Centro JITSIC designa un punto de contacto único como punto principal de contacto para las actividades del centro. El punto de contacto único no necesariamente participará de forma directa en los proyectos del Centro JITSIC, sino que es la persona designada por la administración tributaria para gestionar la participación de ésta en el centro. Disponer de un punto de contacto único para los principales contactos relativos a los proyectos del Centro JITSIC facilita las interacciones y el proceso de intercambio de información, y supone que hay al menos una persona en cada administración tributaria que se responsabiliza de gestionar y supervisar la frecuencia y calidad de las interacciones de ese país con el Centro JITSIC.

Determinación de mejores prácticas

286. El Centro JITSIC ofrece la oportunidad de determinar qué tipos de prácticas de intercambio de información son más efectivas y promoverlas como mejores prácticas. Pueden utilizarse estas mejores prácticas para reforzar la calidad de las interacciones en el Centro y reducir la necesidad de que las administraciones tributarias negocien un marco para interactuar con otros países cada vez que deseen colaborar en un proyecto.

Apoyo administrativo

287. El Centro JITSIC cuenta con el apoyo de la Secretaría del FTA. La Secretaría no participa activamente en la red de interacciones. Su función es controlar la frecuencia y efectividad de las interacciones en red y colaborar en la comunicación y recopilación de información. Las tareas de apoyo administrativo al Centro son, entre otras, mantener un sitio web seguro y ofrecer un punto de contacto único con informes y actualizaciones periódicas sobre las actividades del Centro. El intercambio de esta información en una plataforma común incrementa el potencial de interactuar y de colaboración multilateral, y permite que la información sobre mejores prácticas y riesgos fiscales emergentes sea recogida y compartida con todos los miembros del Centro.

Intercambio de información sobre planificación fiscal agresiva y otros riesgos BEPS

288. El Centro JITSIC ofrece una plataforma fiable para el intercambio de la información obtenida mediante la declaración obligatoria de las estructuras fiscales internacionales y un foro para intensificar la cooperación y colaboración entre las administraciones tributarias en lo que respecta a los problemas emergentes que se detecten como consecuencia de dichas declaraciones e intercambios.

289. El Centro JITSIC proporciona a las administraciones tributarias una forma eficiente y fiable de obtener información adicional sobre estructuras extranjeras que la administración

tributaria considere que pueden plantear riesgos de BEPS, como los señalados en la Acción 2 (Mecanismos híbridos) y la Acción 6 (Abuso de convenios). Asimismo, brinda a los países la oportunidad de colaborar con otros miembros del Centro JITSIC a fin de garantizar que las empresas multinacionales tributen en las jurisdicciones adecuadas y por los importes correctos de ingresos y beneficios.

Nota

1. Jurisdicciones que participan en el Convenio de Asistencia Administrativa Mutua en Materia Fiscal: www.oecd.org/ctp/exchange-of-tax-information/Status_of_convention.pdf.

Bibliografía

OCDE (2015), *Documentación de precios de transferencia e informes país por país*, OCDE, Publicaciones.

OCDE (2014), *Standard for Automatic Exchange of Financial Information in Tax Matters* (Norma de intercambio automático de información financiera en materia fiscal; Publicaciones de la OCDE), http://dx.doi.org/10.1787/9789264216525-en.

OCDE (2010a), *Modelo de Convenio Tributario sobre la Renta y sobre el Patrimonio de la OCDE, versión abreviada,* Publicaciones de la OCDE, http://dx.doi.org/10.1787/9789264184473-es.

OCDE (2010b), *Convenio Multilateral de Asistencia Administrativa Mutua en Materia Fiscal, modificado por el Protocolo de 2010*, Publicaciones de la OCDE, http://dx.doi.org/10.1787/9789264115606-en.

OCDE (2002), *Acuerdo sobre Intercambio de Información en Materia Tributaria*, www.oecd.org/ctp/harmful/2082215.pdf.

Anexo A

Otros aspectos para debatir sobre la disponibilidad en el Reino Unido

En el Reino Unido, la ley exige la declaración de las estructuras comerciales cuando el promotor las *hace disponibles* para su *implantación.*

Se considera que una estructura está **"disponible para su implantación"** en el momento en que se han establecido todos los elementos necesarios para la implantación de la estructura y se ha comunicado al cliente que puede considerar la realización de operaciones que formen parte de la misma. No importa si se comunican o no en ese momento todos los detalles de la estructura.

Una persona pone una estructura a disposición para su implantación cuando:

- la estructura está totalmente diseñada;
- puede implantarse en la práctica;
- un promotor comunica información sobre la estructura a clientes potenciales sugiriéndoles que consideren realizar operaciones que formen parte de la estructura.

El diseño de una estructura consistirá, por lo general, en varios elementos (por ejemplo, una sociedad de personas, un préstamo, aportaciones de socios, la compra de activos, etc.) estructurados de forma que generen la ventaja fiscal prevista. La estructura podrá implantarse en la práctica sólo cuando los elementos del diseño hayan sido implantados "en el mundo real". Así pues, si el diseño incluye un préstamo, por caso, estará disponible para su implantación única y exclusivamente cuando exista un prestamista real y se presten los fondos de forma efectiva.

Bajo el concepto de *disponibilidad*, una estructura puede considerarse "disponible para su implantación" cuando el promotor comunica una propuesta totalmente diseñada en esencia a un cliente con un suficiente grado de detalle para que pueda esperarse que entenderá la ventaja fiscal y decidir si participa o no en la estructura.

La prueba para verificar si una estructura está "disponible para su implantación" pretendía dar origen a la obligación de declaración de una estructura en la fase inicial del proceso de comercialización. No obstante, obviamente algunos promotores tomaban medidas para demorar la presentación de la declaración ateniendo al pie de la letra a la ley para maximizar las oportunidades potenciales de elusión antes de que las autoridades fiscales pudieran reaccionar a cualquier declaración. En el Reino Unido, la administración tributaria británica tenía ejemplos de promotores que tomaban medidas para asegurarse de no tener que declarar hasta prácticamente el mismo momento de la implantación. Como consecuencia, la aplicación de la disposición en la práctica no fue coherente con el objetivo de la política.

Por consiguiente, el Reino Unido instauró la prueba de **"realización de un enfoque firme/contacto comercial"** con el fin de asegurarse de que el promotor quedara obligado a presentar la declaración de una estructura comercializada desde el momento en que tomara medidas para su comercialización a posibles clientes, tal como se pretendió inicialmente. Es el momento en que el promotor hace el primer contacto comercial: así se pretende garantizar que la obligación de declarar una estructura comercializada nazca desde que el promotor toma medidas para comercializarla a potenciales clientes. Es preciso considerar esta prueba antes que la de "disponible para su implantación".

Anexo B

Compatibilidad entre autoinculpación y declaración obligatoria

La información que un contribuyente tiene que facilitar en virtud de un régimen de declaración obligatoria no suele ser más exhaustiva que la información que la administración tributaria exigiría si inspeccionara o auditara una declaración de impuestos. Por lo tanto, las operaciones que constituyan planificación o elusión fiscal en virtud de los regímenes de declaración obligatoria existentes no deberían suscitar mayor preocupación por la autoinculpación que las que suscitaría el ejercicio de otras facultades de reclamación de información.

Objeto y alcance

Es más, en muchos países los tipos de operaciones en los que se centra la declaración por lo general no serán los tipos de operaciones que dan lugar a responsabilidades penales. Los regímenes de declaración obligatoria están concebidos para obtener información temprana sobre estrategias de planificación fiscal agresiva (o potencialmente abusiva) que aprovechan lagunas legales o la aplicación de disposiciones legales para fines para los que no fueron diseñadas. En comparación con la elusión fiscal, el fraude fiscal (o evasión fiscal) tiene un objetivo y un alcance diferentes. El fraude fiscal supone la infracción directa de la legislación tributaria y la ocultación deliberada del verdadero estado de la situación de un contribuyente, con el fin de reducir sus obligaciones tributarias. Los supuestos de fraude fiscal varían entre los distintos países, pero cabe citar como ejemplos las solicitudes falsas de exenciones o deducciones, los ingresos no declarados, el incumplimiento organizado de las retenciones fiscales, etc., que pueden constituir una infracción penal.

Procedimientos penales

También se entiende que puede haber autoinculpación si las autoridades fiscales exigen a los contribuyentes que declaren alguna información sobre una estructura potencialmente ilegal mientras existe un procedimiento penal pendiente. En tales circunstancias, es posible que las autoridades fiscales deseen determinar si se han incoado o se están estudiando procedimientos penales en el momento en que se requiere la declaración de información.

Sin embargo, en los regímenes de declaración obligatoria la declaración de la información se requiere antes de que se lleve a la práctica de forma efectiva una estructura. Dicha declaración temprana puede considerarse parte de las actividades de recopilación de información ordinaria a efectos de liquidación de impuestos. En la medida en que la información sea requerida únicamente para la liquidación de impuestos, los contribuyentes no podrán invocar el derecho a no autoinculparse cuando se exija la declaración de una estructura de elusión fiscal.

Compatibilidad de la obligación de declarar con el derecho a no autoinculparse

En general, la declaración obligatoria no debe infringir el derecho a no autoinculparse. Sin embargo, los países que impongan responsabilidades penales a los contribuyentes por realizar determinadas operaciones de elusión fiscal pueden optar por excluir simplemente esas operaciones del ámbito de aplicación del régimen de declaración sin restringir sustancialmente el alcance del régimen. Además, no deberían suscitarse problemas de autoinculpación cuando el obligado a declarar sea el promotor, en lugar del contribuyente, salvo en los supuestos en los que el promotor podría incurrir en responsabilidad penal por la promoción u oferta de una estructura.

Además, si a los países les preocupa la existencia de algunas operaciones declarables que, de forma explícita, conducen a cargos penales en algunos casos concretos, también pueden especificar que el derecho a no autoinculparse es una excusa razonable para no declarar una operación declarable. Por ejemplo, los países pueden considerar que un contribuyente tiene una excusa razonable para no declarar una estructura cuando ésta pueda ser considerada un fraude fiscal sujeto a imputaciones penales.

Anexo C

Interacción de los regímenes sancionadores y la obligación de declaración

I. Reino Unido

Las sanciones que pueden imponerse en virtud del régimen DOTAS son independientes de las sanciones que pueden imponerse cuando los contribuyentes realizan una afirmación en su declaración de impuestos que conduce a una infravaloración de los impuestos.

En el sitio web de la administración tributaria del Reino Unido se publica información sobre sanciones por el incumplimiento del régimen DOTAS.[1]

Si una estructura está comprendida en una de las categorías en las que el contribuyente está obligado a declarar en virtud de las normas DOTAS, el usuario será multado si no la declara sin tener una causa justificada para ello. Esa sanción es totalmente independiente de que la estructura funcione o no. De igual modo, si el usuario de una estructura DOTAS no introduce el número de referencia de la estructura en su declaración de impuestos, será sancionado con independencia de que la estructura funcione o no.

Nuestro Manual de Cumplimiento contiene información sobre las sanciones por inexactitudes, incluidas las inexactitudes en declaraciones.[2]

Las sanciones por inexactitudes se aplican cuando el comportamiento de la persona es descuidado o deliberado y se basan en el importe de los impuestos infravalorados, conocido como pérdida potencial de recaudación. Un contribuyente no será sancionado automáticamente si declara que ha utilizado una estructura de elusión que, posteriormente, se descubre que no funciona. Es así porque las sanciones no suelen ser adecuadas si la inexactitud responde a una visión razonablemente sostenible de la ley que luego no se sostiene.[3]

No obstante, si el contribuyente no puede mostrar que tomara las medidas razonables para asegurarse de que una estructura declarada se basaba en una visión razonablemente sostenible de la ley aplicada a las circunstancias de su caso, puede ser sancionado. Pero esa sanción no está intrínsecamente relacionada con el hecho de que utilizara una estructura declarada. Estaría exactamente en la misma situación si hubiera utilizado una estructura no sujeta a declaración en virtud de DOTAS y no hubiera sido razonablemente cuidadoso.

Una estructura también puede cruzar la línea de la evasión fiscal si exige que un contribuyente declare información falsa. Una vez más, el contribuyente puede ser sancionado con una multa o posiblemente culpado de cargos penales en tal caso, pero sería porque habría cometido actos fraudulentos o ilícitos para evadir impuestos, no porque hubiera utilizado una estructura declarable.

II. Estados Unidos

El artículo 6662 del IRC establece una sanción por infravaloración imputable a negligencia o inobservancia de normas o reglamentos, infravaloración sustancial en el impuesto de beneficios, inexactitudes de valoración relacionadas con el impuesto de beneficios, operaciones carentes de contenido económico e infravaloración de activos financieros extranjeros no declarados, incluidas las subestimaciones en la cuota atribuibles a refugios tributarios. Para los ejercicios fiscales finalizados después del 22 de octubre de 2004, el artículo 6662A del IRC prevé una sanción por inexactitud en el supuesto de *infravaloración* de operaciones sujetas a declaración. Para que se imponga la sanción prevista en el artículo 6662A, la infravaloración debe ser atribuible a una operación catalogada (que es una categoría de operación sujeta a declaración) o a cualquier otra operación sujeta a declaración siempre que un objetivo sustancial de la otra operación sujeta a declaración sea la elusión o evasión de cualquier impuesto federal sobre la renta. Las sanciones previstas en los artículos 6662 y 6662A no pueden aplicarse a la misma parte de una subestimación en la cuota (en otra palabras, no pueden "acumularse").

La sanción establecida en el artículo 6662A del IRC es un 20% de la infravaloración de la operación sujeta a declaración cuando ésta ha sido debidamente declarada y un 30% en caso contrario.

Si los contribuyentes no declaran una operación sujeta a declaración, también pueden perder la posibilidad de alegar que tenían una causa razonable para aplicar el tratamiento fiscal a la operación (lo que, de otro modo, sería una de sus defensas ante la aplicación de la sanción). La sanción del artículo 6662A del IRC, a diferencia de la del artículo 6662 del mismo código, puede aplicarse aunque el contribuyente haya registrado una pérdida en el ejercicio imponible, no tenga deudas fiscales pendientes y no exista subestimación en la cuota.

La sanción del artículo 6662A del IRC también tiene normas de coordinación especiales con otras sanciones que podrían derivarse de la operación sujeta a declaración. Por lo general, estas normas dan lugar a la imposición de una única sanción por la inexactitud en la declaración de impuestos.

Aparte de las sanciones por inexactitud en las declaraciones, el artículo 6707A del IRC impone una sanción por no declarar una operación sujeta a declaración. Esta sanción no sustituye a ninguna sanción por infravaloración o subestimación en la cuota.

Notas

1. www.hmrc.gov.uk/aiu/dotas-guidance.pdf – página 133 y siguientes (acceso el 14 de junio de 2015).
2. www.hmrc.gov.uk/manuals/chmanual/Index.htm (acceso 14 de junio de 2015).
3. www.hmrc.gov.uk/manuals/chmanual/CH81130.htm (acceso 14 de junio de 2015).

Anexo D

Facultades de recopilación de información en el régimen dotas británico

Es posible que una administración tributaria necesite facultades adicionales de requerir información para exigir el cumplimiento de un régimen de declaración obligatoria.

Esas facultades adicionales de recopilar información pueden permitir a las autoridades fiscales:

- preguntar por los motivos por los que no se ha declarado una estructura,
- pedir información o documentos suplementarios,
- exigir a un presentador que facilite información que conduzca al promotor de una estructura;
- solicitar más información sobre una declaración incompleta y el usuario final de un mecanismo.

Para ejercer muchas de las facultades descritas anteriormente, la administración tributaria británica tendrá que tener fundamentos razonables para sospechar que la persona está incumplimiento sus obligaciones con respecto a una estructura concreta.

I. Explicación de los motivos por los que no se ha declarado una estructura

La administración tributaria del Reino Unido puede exigir a una persona, de la que sospecha que actúa como promotor o presentador de una estructura sujeta a declaración, que explique por qué piensa que la estructura no debe ser declarada.

Los presentadores quedan englobados en esta facultad de recopilación de información porque no siempre es evidente si una persona que anuncia una estructura a los posibles compradores es promotor de esa estructura o simplemente un presentador.

Si la persona a quien se remite el requerimiento es un **presentador**, la respuesta debería ser que la estructura no debe ser declarada por él porque no es el promotor. La explicación debe incluir detalles suficientes de su papel en relación con la estructura para que la administración tributaria británica pueda confirmar que no es el promotor. En rigor, la explicación no tiene que identificar al promotor para cumplir las obligaciones de esa persona. Si no se facilitan datos del promotor, la administración tributaria británica ejercitará otras facultades para exigir que se declare qué persona les ha facilitado la información de la estructura, según se menciona más adelante.

Si la persona es un promotor de la estructura, tendrá que explicar, cuando se le requiera, por qué considera que no debe declarar la estructura. En su respuesta, no bastará simplemente con referirse al hecho de que sigue el consejo de un abogado u otro asesor profesional. En su lugar, el promotor tendrá que someterse a todas las pruebas legales pertinentes.

En particular, cuando el promotor sostenga que el mecanismo no presenta ningún rasgo distintivo, la explicación tendrá que incluir información suficiente para que la administración tributaria británica compruebe si efectivamente así es.

La información que se requiere en esta fase preliminar es la que se requiere para comprobar si una estructura debe o no estar sujeta a declaración, y no información sobre el funcionamiento de la misma.

II. Requerimiento de información o documentos suplementarios

La administración tributaria británica puede exigir a una persona que aporte información o documentos específicos para respaldar los motivos alegados para que la estructura no deba ser declarada.

III. Requerimiento a un presentador para que facilite información que conduzca al promotor de una estructura

Cuando la administración tributaria británica sospeche que una persona está actuando como presentador de una estructura sujeta a declaración que no haya sido declarada, podrá exigirle proporcionar el nombre y la dirección de la persona que le ha facilitado la información sobre esa estructura. Esa persona será el promotor u otro intermediario. Esta facultad formal se utilizará sólo si el presentador no está dispuesto a identificar al promotor de forma voluntaria.

IV. Información adicional sobre declaraciones incompletas

Si la administración tributaria británica cree que un promotor no ha entregado toda la información prescrita en relación con una declaración, podrá exigir al promotor que facilite información específica o documentos relacionados.

V. Información adicional sobre el usuario final de una propuesta o mecanismo

Si la administración tributaria británica sospecha que un cliente de una lista de clientes no es usuario de la propuesta o el mecanismo, sino un intermediario, podrá exigir al promotor que facilite más información. El promotor sólo tiene que facilitar la información que tenga en su poder en el momento que recibe la notificación por escrito en la que se le requiere más información. La información requerida es:

- El nombre y la dirección de cualquier persona de la lista de clientes que probablemente pueda vender los mecanismos a otra persona o consiga una ventaja fiscal con la implantación de los mecanismos;
- El número de referencia fiscal único de esa persona
- Suficiente información para que un funcionario de la administración tributaria británica entienda el modo en que participa esa persona en los mecanismos.

Anexo E

Comparación de los distintos países con normas de declaración obligatoria

	Reino Unido	Estados Unidos	Irlanda	Portugal	Canadá	Sudáfrica
Alcance	Impuesto sobre la renta, impuesto sobre beneficios, impuesto sobre plusvalías, cotizaciones sociales, impuesto sobre bienes inmuebles (SDLT), impuesto sobre sucesiones (para fideicomisos), impuesto anual sobre viviendas de empresas (ATED, del inglés *Annual Tax on Enveloped Dwellings*).	Impuesto sobre la renta (personas físicas) y sobre beneficios (sociedades), impuestos sobre donaciones y sucesiones, otros impuestos federales	Impuesto sobre la renta, impuesto sobre beneficios, impuesto sobre plusvalías, impuesto sobre adquisiciones patrimoniales, impuesto sobre el valor añadido (IVA), cotizaciones sociales, impuesto de transmisiones y actos jurídicos documentados, e impuestos especiales (excepto aranceles aduaneros)	Impuesto sobre la renta (personas físicas) y sobre beneficios (sociedades), impuesto sobre el valor añadido, impuesto sobre bienes inmuebles, impuesto sobre transmisiones patrimoniales, impuesto de timbre y actos jurídicos documentados	Impuesto sobre la renta (personas físicas) y sobre beneficios (sociedades)	Impuesto sobre la renta, impuesto sobre donaciones, impuesto sobre plusvalías, IVA y cualquier otro impuesto contemplado en la legislación tributaria administrado por las autoridades fiscales (Commissioner)
Quién declara	**Promotor** *o* **usuario** El usuario debe declarar cuando la estructura está diseñada internamente, el promotor es no residente o se aplica el derecho al secreto profesional. Un **"promotor"** se define como aquella persona que, en el curso de un negocio pertinente, es responsable del diseño, la comercialización, la organización o la gestión de una estructura o que pone esa estructura a disposición de otra persona con el fin de que ésta la lleve a la práctica.	**Asesor material** *y* **contribuyente** Un **"asesor material"** se define como aquella persona que presta cualquier ayuda, asistencia o asesoramiento material con respecto a la organización, gestión, promoción, venta, implantación, aseguramiento o ejecución de cualquier operación sujeta a declaración y que, directa o indirectamente, obtiene unas rentas brutas superiores a los umbrales de 50 000 o 250 000 USD (o 10 000 o 25 000 USD) dependiendo del tipo de contribuyente y del tipo de operación sujeta a declaración.	**Promotor** *o* **usuario** La norma general es que el promotor tiene que declarar la estructura. El usuario debe declarar la estructura cuando haya sido diseñada internamente, el promotor resida fuera de Irlanda *y* no exista un promotor en el Estado, o cuando se aplique el derecho al secreto profesional.	**Promotor** *o* **usuario** El usuario debe declarar cuando la estructura esté diseñada internamente o el promotor resida fuera de Portugal. Un **"promotor"** participa en el diseño, la estructuración o la implantación de una estructura de planificación fiscal.	**Promotor (asesor)** *y* **contribuyente**[a] Un **"asesor"** es aquella persona que proporciona a otra cualquier protección contractual con respecto a una operación o serie de operaciones, o cualquier asistencia o asesoramiento con respecto a la creación, el desarrollo, la planificación, la organización o la ejecución de la operación o serie de operaciones.	**Promotor** *o* **Usuario** La obligación de declarar los detalles de la estructura se impone al promotor. Si no hay promotor, entonces son los contribuyentes los que tienen que declarar la información. Un **"promotor"** se define como aquella persona que es responsable principal de la organización, el diseño, la venta, la financiación o la gestión de un mecanismo sujeto a declaración.

	Reino Unido	Estados Unidos	Irlanda	Portugal	Canadá	Sudáfrica
Quién declara *(continuación)*		Adicionalmente, el **contribuyente** está obligado a proporcionar información detallada de la operación y sus ventajas fiscales previstas en otra declaración que se adjunta a la declaración de impuestos del contribuyente, y la primera vez que la operación es declarada a la OTSA.	Un "**promotor**" se define de forma que incluye a aquella persona que, en el curso de un negocio pertinente, es responsable del diseño, la comercialización, la organización o la gestión de una estructura o que pone esa estructura a disposición de otra persona con el fin de que ésta la lleve a la práctica.		Un "**promotor**" es aquella persona que *(a)* promueve o vende un mecanismo que incluye o hace referencia a una operación o serie de operaciones; *(b)* afirma o manifiesta que un mecanismo podría tener una ventaja fiscal para fomentar la promoción o venta del mecanismo, o *(c)* acepta una contrapartida a cambio de un mecanismo de conformidad con los apartados (a) o (b).	
Qué se declara	Los mecanismos que se ajustan a **determinadas descripciones** (conocidas como Rasgos Distintivos) de los que se espera que generen una **ventaja fiscal** como **beneficio principal**. **Rasgos distintivos actuales** • **Tres rasgos distintivos genéricos** para captar los indicios de elusión i. confidencialidad ii. comisión muy elevada iii. producto fiscal normalizado; • **Cuatro rasgos distintivos específicos** para centrarse en riesgos conocidos (p. ej., pérdidas, arrendamientos financieros, rentas del trabajo y ATED). • Existen otras descripciones para captar las estructuras que afectan al SDLT y al impuesto sobre sucesiones.	Una "operación sujeta a declaración" es cualquier operación comprendida en cualquiera de las cinco categorías siguientes: i. operaciones catalogadas ii. operaciones confidenciales iii. operaciones con protección contractual iv. operaciones de pérdidas v. operaciones de interés Una «operación catalogada» es una operación que es igual o sustancialmente similar a cualquiera de las que el IRS ha determinado que constituyen elusión fiscal y ha identificado como operación catalogada mediante comunicado, normativa o cualquier otra forma de directriz publicada. Una "operación de interés" es aquella que es igual o sustancialmente similar a cualquiera de las que el IRS ha identificado como operación de interés en directrices publicadas. Son operaciones sobre las que el IRS querría tener más información más determinar si su finalidad es la elusión fiscal.	Los mecanismos que se ajustan a alguna de las cuatro clases de **descripciones especificadas** de los que se espera que generen una **ventaja fiscal** como **beneficio principal**. **Descripciones especificadas actuales** • **Tres rasgos distintivos genéricos** para captar los indicios de elusión i. confidencialidad ii. comisión muy elevada iii. producto fiscal normalizado • **Una clase o clases especificadas** de ventaja fiscal centrada en riesgos conocidos, como las pérdidas, las estructuras vinculadas al empleo.	Los mecanismos englobados en este régimen guardan relación con: • **Un rasgo distintivo genérico** Operaciones con una cláusula que rechaza o limita la responsabilidad del promotor • **Rasgos distintivos específicos** i. participante de una entidad sujeta a un régimen fiscal especialmente favorable o exenta de impuestos ii. operaciones financieras que dan lugar a la reclasificación de rentas, como arrendamientos financieros, instrumentos híbridos iii. el uso de pérdidas fiscales Los mecanismos sujetos a declaración tienen como único o principal objetivo la obtención de una ventaja fiscal.	Una "operación sujeta a declaración" es una operación de elusión que reúne al menos dos de los tres rasgos distintivos siguientes i. comisión orientada a resultados fiscales, como por ejemplo una comisión condicionada, ii. cláusula de confidencialidad, iii. protección contractual De conformidad con la Ley canadiense del Impuesto sobre la Renta, una operación de elusión es una operación que genera una ventaja fiscal y **no cabe considerar razonablemente que se ha realizado o concertado fundamentalmente por motivos distintos de la obtención de la ventaja fiscal**. Se ha ampliado el alcance de la operación sujeta a declaración. El régimen TS sólo incluye mecanismos de donación y la adquisición de bienes.	Los mecanismos sujetos a declaración se clasifican en 2 grupos: **"categorías específicamente definidas y catalogadas"** y **"operaciones con determinadas características"** de las que se espera obtener ventajas fiscales. • **Categorías específicamente definidas catalogadas por las autoridades fiscales (Commissioner):** i. un mecanismo que se habría calificado como "instrumento de capital híbrido" si el plazo de prescripción hubiera sido 10 años; ii. un mecanismo que se habría calificado como "instrumento de deuda híbrido" si el plazo de prescripción hubiera sido 10 años; o iii. cualquier mecanismo que haya sido catalogado en un comunicado público

Qué se declara *(continuación)*

Reino Unido	Estados Unidos	Irlanda	Portugal	Canadá	Sudáfrica
					• Mecanismos sujetos a declaración con determinadas características: i. el cálculo de cualquier interés, coste financiero, comisión u otro cargo depende, total o parcialmente, de las ventajas fiscales derivadas del mecanismo; ii. la operación da lugar a la ida y vuelta de fondos, implicando a una parte acomodaticia o indiferente a efectos fiscales, o contiene elementos que se traducen en una compensación/cancelación de unos con otros o presenta características sustancialmente similares; iii. la operación da lugar a un importe que es: a. una deducción a efectos del impuesto sobre la renta, pero no un gasto a efectos de las normas de información financiera; o b. un ingreso a efectos de las normas de información financiera, pero no un ingreso bruto a efectos fiscales. • la operación no genera una expectativa razonable de beneficio antes de impuestos para ningún participante; • el valor actual de la ventaja fiscal supera el valor actual del beneficio antes de impuestos obtenido por los participantes

	Reino Unido	Estados Unidos	Irlanda	Portugal	Canadá	Sudáfrica
Declaración de detalles de las estructuras	**Usuarios:** tienen que declarar la estructura indicando un número de referencia para la estructura (SRN, del inglés Scheme Reference Number) en la declaración. **Promotores:** tienen que declarar la estructura • Como regla general, los usuarios no tienen que dar detalles de la estructura a la administración tributaria británica.	La obligación de declarar los detalles de la estructura se impone tanto a **contribuyentes como a asesores materiales**.	**Usuarios**: Lo usuarios, como regla general, no están obligados a dar detalles de la estructura a las autoridades fiscales irlandesas. Sin embargo, pueden tener que hacerlo cuando el promotor no lo hace (como se ha apuntado antes). **Promotores**: tienen que declarar la estructura. (La regla general es que el promotor tiene que declarar la estructura.)	**Usuarios**: Como regla general, los usuarios no tienen que dar detalles de la estructura a la administración tributaria portuguesa. Sin embargo, tienen que declarar la estructura si ésta ha sido diseñada internamente o si los promotores son no residentes. **Promotores**: tienen que declarar la estructura.	La obligación de declarar los detalles de la estructura se impone a contribuyentes, asesores y promotores.	La obligación de declarar los detalles de la estructura se impone al promotor y a los participantes. **Usuarios**: Lo usuarios, como regla general, no están obligados a dar detalles de la estructura al SARS. Sin embargo, tienen que incluir el número de referencia fiscal de la operación sujeta a declaración en su declaración anual de impuestos. **Promotores**: tienen que declarar la estructura.
Proceso	• El promotor declara la estructura a la administración tributaria británica, normalmente en los **5 días** siguientes a la puesta a disposición de los clientes; • La administración tributaria británica emite un SRN al Promotor; • El promotor debe trasladar el SRN a los clientes que implanten la estructura; • El promotor declara trimestralmente a la administración tributaria británica qué clientes han implantado la estructura. • Los clientes deben indicar el SRN en cualquier declaración afectada por el uso de la estructura.	• El asesor material tiene que presentar una declaración a la Oficina de Análisis de Refugios Fiscales (OTSA, del inglés Office of Tax Shelter Analysis) del IRS antes del último día del mes siguiente al trimestre natural en que el asesor se ha convertido en asesor material; • El asesor material recibirá un número de operación sujeta a declaración de 9 dígitos para la operación sujeta a declaración declarada; • El asesor material deberá facilitar dicho número a todos los contribuyentes a los que preste un asesoramiento, ayuda o asistencia sustancial;	• El promotor declara una operación en los **5 días** siguientes al momento en que una estructura está "totalmente diseñada" y se realiza un contacto comercial, o en los **5 días** siguientes a la fecha en que pone la estructura a disposición de otra persona para que ésta la implemente. • Cuando la obligación de declaración incumba al usuario, deberá efectuarse también en los **cinco días siguientes a la fecha de la primera operación realizada por el usuario que forme parte integrante del mecanismo**. • Las autoridades tributarias irlandesas deben notificar un número de operación único a la persona que declaró la estructura.	• El promotor declara la estructura a las autoridades tributarias en los **20 días** siguientes al final del mes en que se facilitó el mecanismo a los clientes; • El promotor no está obligado a facilitar a las autoridades fiscales listas de clientes que hayan implantado la estructura. • Los usuarios tienen que declarar la estructura antes del cierre del mes siguiente al mes de implantación si la obligación de declaración recae en ellos. (comentado anteriormente) • No existe un sistema de números únicos de identificación.	• Una operación sujeta a declaración debe declararse antes del 30 de junio del año natural siguiente al año en que la operación ha pasado a ser una operación sujeta a declaración. • Si hay más de una persona obligada a presentar un modelo para una operación sujeta a declaración, la presentación de una declaración completa y exacta por parte de una de esas personas en relación con la operación satisface la obligación del resto. • A diferencia de las normas TS, no se emite un número único de identificación para las estructuras.	• El mecanismo sujeto a declaración debe declararse en un plazo de 45 días a partir del cobro o devengo del primer importe por parte del contribuyente o desde que éste paga o realmente incurre el mismo. • El SARS emite un número de referencia para el mecanismo sujeto a declaración. • Los contribuyentes deben declarar que han realizado una operación sujeta a declaración e incluir el número de referencia de esa operación en su declaración anual.

Proceso *(continuación)*

Reino Unido	Estados Unidos	Irlanda	Portugal	Canadá	Sudáfrica
	• El contribuyente debe declarar adjuntando una manifestación a su declaración y presentándola a la OTSA la primera vez que el contribuyente declare la operación. • El contribuyente tiene que consignar el número o números de operación sujeta a declaración si interviene un asesor material que ha recibido dicho número o números; • El asesor material también debe mantener una lista en la que se identifique a cada persona con la que haya intervenido en calidad de asesor material; y • La lista debe ser presentada al IRS en los 20 días hábiles siguientes a la fecha del requerimiento por escrito del IRS.	• Si la estructura debe ser declarada por un promotor, éste deberá facilitar el número de operación a los clientes. • Los clientes tendrán que consignar el número de referencia de la operación en su declaración de impuestos. • El promotor está obligado a proporcionar a las autoridades fiscales irlandesas una lista de todos los contribuyentes a cuya disposición ha puesto la estructura para su implantación. Sin embargo, la Ley Financiera de 2011 modificó las disposiciones originales eliminando la obligación de declaración de los promotores cuando están convencidos de que el cliente no realizó la operación en el momento en cuestión. Si, posteriormente, se realiza la operación, entonces hay que declarar los datos del cliente por el procedimiento normal. • La lista debe facilitarse a los 30 días del conocimiento por primera vez por parte del promotor de la realización de cualquier operación que forme parte de la operación sujeta a declaración. • En el caso de estructuras "desarrolladas internamente", la declaración debe realizarse en un plazo de 30 días a contar desde la fecha en que el usuario realiza la primera operación.			

	Reino Unido	Estados Unidos	Irlanda	Portugal	Canadá	Sudáfrica
Aplicación	El hecho de no presentar la declaración no afecta a la eficacia del sistema. [régimen sancionador] • Las sanciones por no presentar la declaración ascienden a un máximo de 1 millón de GBP. • Las sanciones si un usuario no hace constar el uso de una estructura en la declaración son de 100 GBP por el primer incumplimiento, 500 GBP por el segundo y 1 000 GBP por los siguientes (aplicables a cada estructura que se vea afectada por el incumplimiento). • La sanción por no presentar una lista de clientes asciende a un máximo de 5 000 GBP por cliente omitido.	El hecho de no presentar la declaración no afecta a la eficacia del sistema. [régimen sancionador] • Asesor material: La sanción aplicable a un asesor material si no declara una operación sujeta a declaración distinta de una operación catalogada, o si presenta información incompleta o falsa con respecto a dicha operación, es de 50 000 dólares estadounidenses. • La sanción aplicable a un asesor material por no declarar operaciones catalogadas es 200 000 USD o un 50% (incrementado al 75% cuando existe intencionalidad) de las rentas brutas derivadas de la prestación de ayuda, asistencia o asesoramiento con respecto a la operación catalogada, aplicándose el importe que resulte mayor. • La sanción aplicable si un asesor material no facilita la lista requerida al IRS antes de que transcurran 20 días hábiles desde la fecha del requerimiento del IRS es de 10 000 dólares estadounidenses por cada día de incumplimiento a contar desde el vigésimo día, a menos que exista una causa razonable para dicho incumplimiento.	El hecho de no presentar la declaración no afecta a la eficacia de la estructura. [régimen sancionador] • Se impone una sanción inicial por no declarar de un máximo de 500 euros al día durante un periodo inicial y, posteriormente, se aplican sanciones diarias de 500 euros. • Si un promotor no presenta una lista de clientes, se le sanciona con una multa inicial máxima de 4 000 EUR y, posteriormente, con multas diarias de 100 EUR, si se prolonga el incumplimiento una vez aplicada la sanción inicial.	El hecho de no presentar la declaración no afecta a la eficacia del sistema. [régimen sancionador] • Las sanciones por no declarar oscilan entre 5 000 EUR y 100 000 EUR en el caso del promotor, y entre 500 EUR y 80 000 EUR en el caso del usuario.	Cualquier ventaja fiscal derivada de una operación sujeta a declaración queda prohibida hasta su debida declaración (y el pago de las sanciones aplicables), sin que sea necesario establecer el carácter abusivo de la estructura. [régimen sancionador] • Cada persona obligada a declarar es responsable de pagar una sanción equivalente al total de las comisiones orientadas a resultados fiscales y comisiones de protección contractual devengadas por los promotores/asesores en relación con una operación sujeta a declaración. • Cada promotor o asesor es responsable solidario con el contribuyente, respondiendo sólo con el importe de la comisión que tiene derecho a percibir. • El plazo de revisión normal puede ampliarse a no antes de tres años a contar desde la presentación del modelo.	El hecho de no presentar la declaración no afecta a la eficacia del sistema. [régimen sancionador] • Se impone una sanción mensual por no declarar de entre 50 000 ZAR y 100 000 ZAR en el caso del promotor (máximo 12 meses) y la sanción se duplica si el importe de la ventaja fiscal prevista excede de 5 millones de ZAR y se triplica si la ventaja fiscal prevista excede de 10 millones de ZAR.

	Reino Unido	Estados Unidos	Irlanda	Portugal	Canadá	Sudáfrica
Aplicación *(continuación)*		• Contribuyente: La sanción a un contribuyente por no declarar una operación sujeta a declaración es del 75% de la minoración de la cuota a resultas de la operación, con sujeción a sanciones mínimas y máximas que van de 5 000 USD a 200 000 USD, dependiendo del tipo de contribuyente y del tipo de operación sujeta a declaración.				

Nota: a. Se ha perfeccionado la obligación de declarar: con arreglo a las normas sobre refugios fiscales, sólo los promotores tienen que declarar el refugio fiscal a la CRA.

ORGANIZACIÓN DE COOPERACIÓN Y DE DESARROLLO ECONÓMICOS (OCDE)

La OCDE constituye un foro único en su género, donde los gobiernos trabajan conjuntamente para afrontar los retos económicos, sociales y medioambientales que plantea la globalización. La OCDE está a la vanguardia de los esfuerzos emprendidos para ayudar a los gobiernos a entender y responder a los cambios preocupaciones del mundo actual, como el gobierno corporativo, la economía de la información y los retos que genera el envejecimiento de la población. La Organización ofrece a los gobiernos un marco en el que pueden comparar sus experiencias políticas, buscar respuestas a problemas comunes, identificar buenas prácticas y trabajar en la coordinación de políticas nacionales e internacionales.

Los países miembros de la OCDE son: Alemania, Australia, Austria, Bélgica, Canadá, Chile, Corea, Dinamarca, Eslovenia, España, Estados Unidos de América, Estonia, Finlandia, Francia, Grecia, Hungría, Irlanda, Islandia, Israel, Italia, Japón, Letonia, Luxemburgo, México, Noruega, Nueva Zelanda, Países Bajos, Polonia, Portugal, Reino Unido, República Checa, República Eslovaca, Suecia, Suiza y Turquía. La Comisión Europea participa en el trabajo de la OCDE.

Las publicaciones de la OCDE aseguran una amplia difusión de los trabajos de la Organización. Éstos incluyen los resultados de la compilación de estadísticas, los trabajos de investigación sobre temas económicos, sociales y medioambientales, así como las convenciones, directrices y los modelos desarrollados por los países miembros.

OECD PUBLISHING, 2, rue André-Pascal, 75775 PARIS CEDEX 16
(23 2015 37 4 P) ISBN 978-92-64-26711-4 – 2016

www.ingramcontent.com/pod-product-compliance
Lightning Source LLC
LaVergne TN
LVHW081414110826
845149LV00010B/1739

* 9 7 8 9 2 6 4 2 6 7 1 1 4 *